Le Congo de demain

Points de vue

Collection dirigée par Denis Pryen

Dernières parutions

Romain DINGAO, *Tchad : franc CFA, dettes publiques, présence militaire française, Quels bilans 64 ans après l'indépendance ?*, 2025.
SHANDA TONME, *Institutions des problématiques de développement humain. Didactique et dialectique des notions et des concepts,* 2025.
Abdourahman BARKAT GOD, *Exile, another form of suffering. The case of the Djibouti and Somali communities,* 2025.
Aubin Félix AMANI, *Essais sur la crise ivoirienne. Leçons d'Athènes,* 2024.
Jabir TOURE, *Mali : une crise aux multiples facettes*, 2024.
Léonard MESSI, *L'Afrique sous influence et perfusion. Libre essai de géopolitique*, 2024.
Abdourahman BARKAT GOD, *L'exil, une autre souffrance. Le cas des communautés djiboutienne et somalie*, 2024.
Hildebrand KARANGWA, *Les origines du génocide des Batutsi d'il y a 30 ans*, 2024.
Roc THOMAS KIYIREMBERA, *L'interventionnisme du Rwanda en République Démocratique du Congo. Hégémonie ou puissance prédatrice ?*, 2024.
Eugène NDAHAYO, *Pierre-Claver Ndahayo, mon père. Pionnier de la révolution rwandaise*, 2024.
Mamadou Lamine TABALY, *L'Afrique rayonne. Pouvoirs et potentiels africains : nouvelles voies vers la réussite*, 2024.
Bernardo DOMBELE MBALA, João Joaquim NDOMBASI MAVATIKU, *Libérer l'Angola pour changer l'Afrique. Fragments de mémoires*, 2023.
Julio César DONGMO, *Cameroun : le président Biya à l'école de Machiavel. Essai d'identification et d'explication des pratiques machiavéliennes de « l'homme-lion »*, 2023.
Réjean COTE, *L'Afrique verte et les industries extractives,* 2023.

Christ Meryte Matsouma Mapana

Le Congo de demain

Stratégies et solutions pour un développement durable

L'Harmattan

Du même auteur :

Le Congo de Demain : Développement Local et Technologie au Service de la Nation (1e édition)

5-7, rue de l'École Polytechnique, 75005 Paris
http://www.editions-harmattan.fr
ISBN : 978-2-336-50065-2
EAN : 9782336500652

Table des matières

Dédicace

À ma chère mère, dont la mémoire et l'amour continuent d'éclairer mon chemin, et à mon père, dont le soutien indéfectible a rendu possible chaque étape de ma réussite. Votre sacrifice et vos encouragements m'ont permis de réaliser mes rêves. Maman, tu nous as quittés le 17 mai 2021 à l'âge de 58 ans, mais ton esprit continue de nous guider et d'inspirer chacun de nos pas.

À mes frères et sœurs, pour leur présence constante et leur soutien tout au long de ce parcours.

À Leah Liu, ma compagne, dont la détermination et l'aide précieuse dans la recherche de trois opportunités professionnelles en Chine ont été essentielles pour avancer dans ma carrière.

À mon ami de longue date et partenaire d'entreprise, Dorile, dont le soutien et l'amitié depuis nos années de collège sont inestimables, ainsi qu'à notre collaboration directe, qui a été cruciale pour attirer de nouveaux clients et faire avancer notre projet commun.

À la mémoire de mon ami Bonheur Tsiba, dont l'amitié, le soutien et l'inspiration ont marqué mon parcours. Son esprit et son courage continuent de m'accompagner chaque jour.

À vous tous, merci pour votre influence positive et votre soutien continu.

Avant-propos

Ce livre s'inscrit dans une volonté de réflexion sur l'avenir de la République du Congo, un pays dont le potentiel, encore sous-exploité, est immense. Dans un monde en perpétuelle évolution, le Congo doit se préparer à relever les défis du 21e siècle : moderniser son économie, éduquer sa population, améliorer ses infrastructures, et garantir un accès équitable aux soins de santé et à l'énergie pour tous. Pour cela, il est essentiel de tirer des leçons des réussites internationales, en s'inspirant des expériences de pays comme la Chine, Singapour, et la Serbie.

La Chine est un exemple frappant de ce qu'une réforme structurelle bien menée peut accomplir. Avec 1,4 milliard d'habitants, elle a su tirer parti de sa vaste population pour construire une des économies les plus puissantes au monde. En quelques décennies seulement, elle est passée d'une nation à prédominance agricole à un leader mondial dans les domaines de la technologie, de l'industrie et de l'énergie.

La réussite de géants comme BYD dans le domaine des véhicules électriques et Huawei dans les télécommunications illustre comment l'innovation technologique, soutenue par une planification stratégique et une éducation solide, a propulsé la Chine vers la modernité. Pour le Congo, la Chine incarne un modèle d'utilisation optimale des ressources humaines et technologiques. L'investissement massif dans l'éducation et l'innovation, ainsi que la construction d'infrastructures modernes comme les trains à grande vitesse et l'expansion des réseaux d'énergie renouvelable, sont des leçons précieuses.

Avec une gestion stratégique, la République du Congo peut suivre cette voie, en exploitant son potentiel en énergie solaire, hydroélectrique, et en technologies émergentes.

Singapour, bien que 469 fois plus petit que le Congo, est également une source d'inspiration puissante. Grâce à ses infrastructures modernisées et sa politique d'ouverture aux investissements étrangers, Singapour est devenu un centre mondial pour l'éducation, les technologies et la finance. Avec une population de 5,4 millions d'habitants, proche de celle du Congo, Singapour a su tirer parti de sa position géographique et de son accès au commerce mondial pour devenir une puissance économique majeure. Les collaborations internationales, comme le projet China-Singapore Tianjin Eco-City, démontrent comment un pays peut intégrer la durabilité environnementale dans son développement économique. Singapour a également innové dans les énergies propres, construisant des infrastructures résilientes et respectueuses de l'environnement.

Cet exemple souligne la nécessité pour le Congo de s'engager pleinement dans les énergies renouvelables pour garantir l'accès à l'électricité dans toutes ses localités et moderniser ses infrastructures.

La Serbie, un pays d'Europe de l'Est d'une superficie plus petite que celle du Congo, a également relevé des défis similaires. Avec une population légèrement plus nombreuse que celle du Congo, la Serbie a su se moderniser en adoptant des technologies nouvelles dans le domaine de l'énergie et des infrastructures. Le développement de voitures électriques, soutenu par des partenariats avec la Chine, montre que même les pays en transition peuvent se positionner sur le marché des énergies renouvelables. La Serbie a aussi investi dans la modernisation de son réseau électrique et de ses infrastructures hydrauliques, prouvant que des solutions locales peuvent répondre aux défis globaux.

En observant ces exemples, il devient clair que la République du Congo doit exploiter son immense potentiel en matière d'eau et d'énergie pour garantir un développement durable et inclusif. Les forêts du Nord au Sud regorgent d'espèces animales rares, tandis que l'économie fluviale, les chutes naturelles de Djeno et Sounda, ainsi que l'océan Atlantique dans le Kouilou, constituent des atouts majeurs pour le tourisme écologique. Le Congo, avec sa biodiversité unique, peut se positionner comme une destination clé pour le tourisme durable tout en préservant ses richesses naturelles.

Cependant, il ne faut pas oublier que le Congo doit surmonter les séquelles laissées par la traite négrière et la colonisation, qui ont profondément marqué son développement démographique et économique. Malgré ces obstacles historiques, il est impératif de viser une expansion de la population pour alimenter une croissance économique durable. Comme l'ont montré les exemples chinois et singapourien, une population dynamique et bien formée est un levier puissant pour le développement. Le Congo, avec ses 6 millions d'habitants, doit viser une multiplication de sa population pour renforcer son marché intérieur et son vivier de talents.

Ce livre est un appel à l'action pour bâtir un Congo moderne, en s'appuyant sur les expériences internationales tout en restant fidèle à l'identité congolaise. Les ressources locales, qu'elles soient agricoles, forestières ou énergétiques, doivent être valorisées et transformées sur place pour créer des emplois, stimuler l'économie locale, et assurer l'autosuffisance. L'avenir du Congo réside dans sa capacité à embrasser les technologies modernes, à éduquer sa population, à innover dans le domaine de la santé, et à garantir un accès équitable à l'eau et à l'énergie pour tous.

Nous devons nous inspirer des réussites internationales, mais nous devons aussi forger notre propre chemin vers le développement.

Ce chemin exigera des réformes courageuses, une vision à long terme, et un engagement à placer l'humain au cœur de la transformation.

Christ Meryte Matsouma Mapana

Remerciements

Je souhaite exprimer ma gratitude à Anthony Juton, Professeur agréé à l'ENS Paris-Saclay, pour m'avoir ouvert les yeux sur l'IA en tant que professeur en programmation. Grâce à lui, j'ai pu maîtriser les microcontrôleurs et fabriquer des robots robustes aujourd'hui.

Je remercie également mes trois employeurs précédents pour m'avoir donné l'opportunité de m'investir pleinement dans chaque tâche et projet, ce qui m'a permis d'acquérir les compétences nécessaires pour devenir chef d'entreprise.

À mes amis, pour leur soutien et leurs encouragements, ainsi qu'à ceux qui ont exprimé leurs doutes, je vous suis reconnaissant pour avoir contribué à la naissance de ce livre.

Enfin, je veux remercier mes aspirations quotidiennes, qui me donnent la force de travailler sur une panoplie de projets personnels, tels que la poubelle intelligente, un robot taxi, et un système solaire intégré aux maisons intelligentes.

Préface

Comment un pays riche en ressources naturelles et en potentiel humain peut-il surmonter les défis du développement pour se hisser parmi les leaders mondiaux ? La République du Congo se trouve à un tournant crucial de son histoire. Pour transformer ses défis en opportunités et réaliser son immense potentiel, il est essentiel de s'inspirer des expériences internationales qui ont su transformer des nations aux ressources et aux contextes variés en modèles de réussite.

Cette réflexion nous conduit à observer attentivement les parcours de trois pays en particulier : la Chine, Singapour, et la Serbie. Chacun, à sa manière, a entrepris des réformes ambitieuses dans des domaines essentiels comme l'éducation, la santé, les énergies renouvelables, et le développement technologique. Bien que leur taille et leurs ressources diffèrent de celles du Congo, leurs réussites offrent des enseignements précieux sur la manière dont un pays peut se réinventer tout en conservant son identité et sa souveraineté.

La Chine, aujourd'hui la deuxième plus grande économie mondiale, a su, en quelques décennies seulement, passer d'un pays en développement à une puissance industrielle et technologique.

Cette transformation repose sur des réformes rigoureuses dans l'éducation, l'industrialisation, et l'énergie. L'exemple de BYD, pionnier des véhicules électriques, et celui de Huawei, géant des télécommunications, montre comment l'innovation technologique et les partenariats stratégiques ont permis à la Chine de devenir un leader mondial dans des secteurs émergents. Pour le Congo, la Chine incarne un modèle d'utilisation optimale des ressources humaines et technologiques. En exploitant son immense potentiel en énergie renouvelable, le Congo pourrait développer ses propres industries technologiques et énergétiques.

Singapour, bien que petit en superficie, a démontré qu'une vision claire et des politiques efficaces peuvent compenser un manque de ressources naturelles. Le pays a transformé ses infrastructures urbaines, son système éducatif et ses services publics pour devenir un centre névralgique du commerce international et de l'innovation technologique. La China-Singapore Tianjin Eco-City illustre comment la coopération bilatérale peut allier développement durable et innovation écologique. Avec ses vastes étendues naturelles, le Congo pourrait également devenir un leader africain en écologie et en innovation, en adoptant des projets similaires pour moderniser ses villes tout en respectant l'environnement.

La Serbie offre un autre exemple de résilience et d'adaptation dans un contexte de transition post-communiste. Malgré une taille modeste, elle a progressivement modernisé ses infrastructures, notamment dans le domaine de l'hydroélectricité et des énergies renouvelables. Le développement de voitures électriques, soutenu par des partenariats internationaux, montre que même un pays de taille modeste peut s'imposer dans l'innovation énergétique. Avec ses ressources hydrauliques et son potentiel solaire, le Congo pourrait suivre cette voie pour devenir un acteur majeur dans le domaine des énergies renouvelables.

En observant ces exemples, la République du Congo peut tracer une voie unique vers la modernité. Avec une population jeune, un territoire vaste et fertile, et une richesse en ressources naturelles enviée, le Congo a le potentiel de transformer son avenir économique et social de manière inclusive et durable. Ce livre est une invitation à réfléchir aux innombrables possibilités qui s'offrent au Congo, à travers des réformes audacieuses et une ouverture stratégique au reste du monde. C'est un appel à l'ambition, mais aussi à la responsabilité, pour garantir que la richesse naturelle du pays profite à toutes les générations futures.

Christ Meryte Matsouma Mapana

Introduction

La République du Congo se trouve à un moment charnière de son histoire. Alors que les grandes puissances économiques mondiales, telles que la Chine, Singapour, et même des nations émergentes comme la Serbie, progressent dans la voie de la modernisation et de l'innovation technologique, notre pays se tient à l'aube d'une transformation similaire. Cependant, cette transformation ne sera possible qu'en exploitant pleinement notre potentiel humain, naturel et économique. Ce livre vise à explorer les stratégies essentielles à mettre en œuvre pour réaliser cette transformation, tout en insistant sur l'importance des ressources humaines, des infrastructures modernes et de l'innovation dans des secteurs clés comme l'éducation, la santé, l'agriculture, l'énergie et les transports.

Mon expérience professionnelle, notamment mon séjour en Chine avant la création de ma propre entreprise, m'a permis d'observer de près les dynamiques qui sous-tendent le succès de pays comme la Chine et Singapour.

Ces nations, malgré leurs différences géographiques et démographiques, partagent des points communs cruciaux : une vision claire du développement, une gestion rigoureuse des ressources et un investissement massif dans l'éducation et les infrastructures. En observant ces réussites, il devient évident que la République du Congo peut tracer un chemin similaire, en adaptant ces stratégies à son propre contexte.

La Chine : Un modèle de transformation industrielle

Ces dernières décennies, le statut et l'influence de la Chine dans l'économie mondiale ont considérablement augmenté.

Cette montée en puissance n'est pas le fruit du hasard, mais plutôt le résultat d'une planification minutieuse et de réformes structurelles profondes. La Chine est aujourd'hui la plus grande base manufacturière du monde, grâce à une chaîne d'approvisionnement robuste et une base industrielle qui soutient une production à grande échelle. Ce n'est pas un hasard si une grande partie des biens de consommation mondiaux sont fabriqués en Chine. Le pays a su s'imposer comme un acteur central dans de nombreux secteurs économiques, en exportant massivement ses produits vers tous les continents.

Mais au-delà de sa puissance industrielle, la Chine dispose également d'un atout clé : sa population. Avec 1,4 milliard d'habitants, le marché intérieur chinois est un pilier de son économie. Une population aussi vaste assure non seulement une main-d'œuvre abondante, mais aussi un marché de consommation énorme, capable de soutenir la demande intérieure et d'encourager l'investissement étranger.

Une des leçons à tirer de la réussite chinoise est donc l'importance des ressources humaines dans tout processus de développement. La population nombreuse et active de la Chine a été un moteur central de sa croissance, et c'est un défi que de nombreux pays, y compris la République du Congo, doivent relever.

De plus, la modernisation des infrastructures en Chine a joué un rôle primordial dans cette dynamique de développement. Le pays dispose d'un réseau étendu de chemins de fer à grande vitesse, d'autoroutes et de ports maritimes ultra-modernes. Ces infrastructures facilitent non seulement le commerce intérieur, mais aussi les échanges avec le reste du monde, rendant l'économie chinoise encore plus compétitive. En effet, les infrastructures de transport performantes permettent une logistique efficace, un élément crucial pour soutenir l'industrie et les échanges commerciaux.

Enfin, il convient de mentionner l'importance des nouvelles énergies dans la stratégie de développement de la Chine. Avec l'avènement des technologies vertes, le pays a pris des mesures significatives pour promouvoir l'utilisation des énergies renouvelables et réduire son empreinte carbone.

Le développement des nouvelles énergies, notamment l'énergie solaire et éolienne, a permis à la Chine de faire un grand pas en avant dans la transition énergétique mondiale. Aujourd'hui, elle se positionne comme un leader mondial dans la production de véhicules électriques, contribuant ainsi à la réduction de la pollution atmosphérique dans ses grandes villes tout en stimulant l'innovation dans l'industrie automobile.

Singapour et la Serbie : Des modèles contrastés mais inspirants

D'un autre côté, Singapour offre un exemple tout aussi fascinant. Bien que ce pays soit bien plus petit en termes de superficie et de population que la Chine, il a su s'imposer comme une puissance économique majeure grâce à une stratégie de développement cohérente et ambitieuse. Avec ses 5,4 millions d'habitants, Singapour est devenu un centre financier et technologique mondial. Ses infrastructures ultra-modernes, sa stabilité politique et sa population hautement qualifiée ont permis au pays de se positionner comme un leader dans les domaines de la finance, de la logistique et de l'innovation technologique.

Cependant, au-delà de Singapour, un autre pays offre une perspective intéressante : la Serbie.

Bien que sa superficie soit plus petite que celle de la République du Congo, la Serbie possède une population légèrement plus importante, avec environ 6,8 millions d'habitants. La Serbie, un pays aux ressources limitées mais à la volonté de modernisation, a récemment adopté des politiques favorisant les nouvelles énergies et la transition vers une économie verte. Les voitures électriques y sont de plus en plus répandues et perçues positivement, témoignant d'un changement de paradigme vers un avenir plus durable. Ce pays a su diversifier son économie et moderniser ses infrastructures pour se positionner favorablement dans la nouvelle ère énergétique.

Ces exemples, que ce soit celui de Singapour ou de la Serbie, démontrent que même des pays de taille modeste peuvent réussir à s'imposer sur la scène internationale en misant sur l'innovation, les ressources humaines et les infrastructures modernes. Ils mettent également en lumière l'importance de la population dans le processus de développement. Une population active, bien formée et dynamique est essentielle pour soutenir une croissance économique soutenue.

En ce sens, la République du Congo, avec ses 6 millions d'habitants, a tout le potentiel nécessaire pour amorcer une transformation similaire, à condition de bien gérer ses ressources humaines et de les former adéquatement.

Ressources humaines et développement : L'avenir du Congo

Pour que le développement de la République du Congo soit véritablement durable, il est essentiel d'investir dans ses ressources humaines. Une population bien formée, innovante et compétente est la pierre angulaire de toute nation prospère. C'est à travers l'éducation, la formation professionnelle et l'encouragement à l'entrepreneuriat que le Congo pourra mobiliser le potentiel de ses citoyens et les préparer à répondre aux défis du XXIe siècle. À l'instar de la Chine, qui a su utiliser sa population massive pour renforcer son économie, le Congo doit s'engager dans une politique ambitieuse visant à accroître sa population et à la doter des compétences nécessaires pour l'avenir.

Il est également impératif de rappeler les obstacles historiques auxquels le Congo a dû faire face. La traite négrière et la colonisation ont profondément marqué la démographie du pays, entravant sa capacité à se développer pleinement. Aujourd'hui, le Congo doit surmonter ces séquelles en encourageant une croissance démographique qui puisse soutenir une économie florissante. L'objectif est clair : quadrupler la population actuelle pour assurer un avenir prospère, tout en valorisant les talents et les compétences de chaque citoyen.

L'éducation : La clé de la transformation

Pour transformer durablement la République du Congo, il est impératif de réformer notre système éducatif en profondeur. L'éducation de base, secondaire et universitaire doit s'adapter aux nouvelles exigences du monde moderne en intégrant les technologies numériques et en encourageant l'innovation. Les formations qualifiantes et techniques, notamment dans des secteurs tels que l'agriculture, la technologie et l'industrie, doivent être renforcées pour répondre aux besoins du marché du travail. Ce n'est qu'en élevant le niveau de compétences de notre population que nous pourrons amorcer un développement soutenu et inclusif.

L'amélioration de l'éducation au Congo ne se limite pas seulement à l'enseignement scolaire classique.

Il est essentiel de développer des centres de formation professionnelle adaptés aux réalités du marché du travail actuel.

Les métiers techniques, la formation en informatique et en développement d'applications, ainsi que la maîtrise des outils numériques, doivent devenir des priorités. La Chine a su miser sur l'éducation pour former une main-d'œuvre qualifiée, et c'est une leçon que le Congo doit absolument intégrer.

Moderniser la santé : Une priorité nationale

La modernisation du secteur de la santé est un autre pilier central de notre développement. Grâce aux nouvelles technologies, telles que la télémédecine et la gestion numérique des infrastructures de santé, nous pouvons améliorer l'accès aux soins, notamment dans les zones rurales. Une population en bonne santé est la base d'une économie forte, et le renforcement de notre système de santé doit être une priorité nationale. Des programmes de prévention, de dépistage et d'intervention rapide doivent être mis en place, tout comme un accès amélioré aux soins pour chaque Congolais

Agriculture, Pêche et Élevage : Mécaniser et diversifier

L'agriculture, la pêche et l'élevage restent des secteurs clés de notre économie. Cependant, leur développement passe par la mécanisation, la modernisation des pratiques et la valorisation des produits locaux par la transformation. Une agriculture mécanisée et diversifiée permettrait non seulement d'assurer la sécurité alimentaire, mais aussi de créer de nouvelles opportunités économiques à travers l'exportation et la transformation locale de nos produits agricoles, halieutiques et d'élevage. Il est essentiel de valoriser la richesse de notre territoire, avec des produits locaux transformés sur place, créant ainsi des emplois et une chaîne de valeur plus durable.

Ressources en Eau et Électricité : Développer un accès durable

L'accès à l'eau potable et à l'électricité reste un défi crucial pour de nombreuses régions du Congo. Pourtant, grâce aux énergies renouvelables, telles que le solaire et l'hydroélectricité, nous avons l'opportunité de fournir ces services de manière durable et efficace à toutes les localités. Un accès fiable à l'eau et à l'électricité est essentiel pour améliorer les conditions de vie et favoriser le développement économique.

L'Économie Fluviale et le Tourisme Écologique : Un potentiel sous-exploité

L'économie fluviale du Congo est un domaine encore largement sous-exploité. Grâce à ses fleuves et ses rivières, notre pays dispose de voies naturelles qui pourraient dynamiser le commerce intérieur et extérieur, tout en favorisant un tourisme écologique axé sur la découverte de nos paysages uniques, tels que les chutes de Djeno et de Sounda, les plages naturelles du Kouilou et les forêts abritant des espèces animales rares.

Ce tourisme responsable pourrait devenir un moteur de développement économique tout en préservant nos ressources naturelles.

Les Transports : Un catalyseur du développement

Des infrastructures de transport modernes sont indispensables pour soutenir notre croissance économique. Que ce soit par la construction de routes, de voies ferrées ou le développement du transport fluvial, l'interconnexion des régions est essentielle. Un réseau de transport efficace permettrait non seulement de désenclaver les régions reculées, mais aussi de faciliter les échanges économiques et culturels entre les différentes parties du pays.

Préserver la Culture et les Traditions

Enfin, tout en poursuivant ce développement ambitieux, il est essentiel de préserver nos valeurs, notre culture et nos traditions. Le Congo est riche d'une diversité culturelle qui constitue son identité profonde. Respecter ces racines tout en embrassant l'innovation est la clé d'un développement harmonieux, où modernité et tradition cohabitent en synergie.

Conclusion : Une vision pour l'avenir

Les exemples de la Chine, de Singapour et même de la Serbie montrent que le développement repose sur une combinaison de facteurs : une population bien formée, des infrastructures modernes, une politique économique claire et une vision pour l'avenir. Pour la République du Congo, il est temps de tirer parti de ces enseignements et de les adapter à notre réalité. Ce livre propose une feuille de route pour que notre pays se développe de manière durable et inclusive, en valorisant nos ressources humaines et naturelles.

Le potentiel est là, il ne reste plus qu'à l'exploiter.

À travers cet ouvrage, il s'agit de présenter des solutions concrètes pour faire du Congo un pays prospère et résilient, où chaque citoyen, quel que soit son lieu de résidence, bénéficie des fruits du développement. Ce livre se veut à la fois une vision et un guide pratique pour construire un avenir où le progrès et les traditions se rencontrent, pour le bien de tous.

Christ Meryte Matsouma Mapana

Partie 1 : Fondements d'un Congo Moderne

L'Éducation à l'Ère Numérique

Introduction

L'éducation constitue le pilier fondamental du progrès et du développement durable. Pour que la République du Congo puisse pleinement exploiter son potentiel et prospérer dans l'économie mondiale du XXIe siècle, il est crucial de réformer son système éducatif en le rendant plus inclusif, innovant et aligné avec les besoins technologiques contemporains. Cette transformation implique de bâtir une éducation de base solide, tout en intégrant dès les premières années de scolarité des technologies modernes, afin de préparer les citoyens de demain à être compétitifs dans un monde numérique.

Dans cette perspective de transformation, l'éducation dépasse le simple transfert de connaissances. Elle devient un vecteur d'émancipation sociale, de développement économique et d'innovation technologique. L'objectif est de doter chaque Congolais des compétences nécessaires pour relever les défis actuels et futurs, tout en lui offrant les outils modernes indispensables pour réussir dans tous les aspects de la vie.

Éducation de base

La transformation commence dès l'école primaire. Les enfants doivent avoir accès à une éducation de base qui ne se limite pas aux matières classiques telles que les mathématiques, les sciences et le français, mais qui intègre aussi les nouvelles technologies dans leur quotidien. L'introduction précoce d'outils numériques, comme les tablettes, les ordinateurs et les plateformes éducatives en ligne, permet de familiariser les élèves avec la technologie dès leurs premières années de scolarité.

Exemples internationaux :

Chine : En Chine, dès le primaire, les élèves utilisent des tablettes et des logiciels éducatifs pour apprendre les matières de base tout en se familiarisant avec la technologie.

Des institutions comme l'Université Normale de Pékin (Beijing Normal University) sont à l'avant-garde de cette intégration technologique, offrant formations et ressources pour soutenir cette initiative.

Singapour : Singapour est reconnu pour son système éducatif avancé. Le gouvernement a lancé des initiatives telles que le programme "Smart Nation" pour intégrer les technologies numériques dans les écoles dès le primaire.

Les élèves utilisent des plateformes comme le "Singapore Learning System" (SLS) pour accéder à des ressources éducatives interactives.

Serbie : En Serbie, l'initiative "Digitalna Škola" (École Numérique) vise à introduire les technologies numériques dès l'école primaire. Les élèves utilisent des outils numériques pour des activités pratiques, et des institutions comme l'Institut pour l'Éducation Technologique à Belgrade travaillent à intégrer ces outils dans les programmes scolaires.

L’usage des technologies numériques en classe ne vise pas seulement à faciliter l’apprentissage, mais aussi à encourager une culture de l’innovation. Les jeunes élèves seront introduits à des concepts comme la robotique de base, la programmation, et l’utilisation de logiciels interactifs, les rendant aptes à résoudre des problèmes complexes dès leur jeune âge. L'apprentissage de l'anglais, langue mondiale de la technologie et des affaires, sera également intégré dès le début de leur éducation.

Au collège, les élèves développeront des compétences numériques plus avancées, avec des cours spécialisés qui permettront aux élèves de choisir des domaines adaptés à leurs intérêts et talents.

Enseignement secondaire et universitaire

L'enseignement secondaire est un moment clé pour approfondir les compétences numériques et offrir des opportunités d’apprentissage plus ciblées. Les élèves auront la possibilité de s’immerger dans des matières techniques telles que la programmation avancée, l'intelligence artificielle, l'analyse de données et la cybersécurité. La création de laboratoires modernes dans chaque établissement permettra aux élèves de mettre en pratique les connaissances théoriques acquises, les préparant ainsi aux défis du marché du travail.

Exemples internationaux :

Chine : Les lycées chinois, tels que ceux gérés par la Commission de l'Éducation de Shanghai, offrent des spécialisations en technologies de l'information et en ingénierie. Les élèves ont accès à des laboratoires de haute technologie pour travailler sur des projets de programmation et de robotique, avec des stages intégrés grâce à des collaborations avec des entreprises comme Huawei et Tencent.

Singapour : Singapour met en place des laboratoires technologiques dans ses lycées grâce au programme "SkillsFuture", qui propose des stages dans des entreprises technologiques locales et internationales. Les écoles secondaires comme le Ngee Ann Secondary School collaborent avec des entreprises telles que Google et Microsoft pour fournir aux élèves une formation pratique et des opportunités de stage.

Serbie : Les lycées serbes, comme le Gymnase de Belgrade, intègrent des formations avancées en technologies numériques. Les étudiants participent à des stages dans des entreprises locales telles que "Asoft" et "Nordeus", leaders dans le développement de logiciels et de jeux vidéo, afin de préparer les élèves à des carrières technologiques.

Les établissements d'enseignement supérieur devront établir des stages pratiques dans des entreprises locales, des industries et des institutions gouvernementales. Ces stages permettront aux étudiants d'acquérir une expérience concrète et de comprendre l'application des technologies étudiées dans des contextes professionnels réels.

Les stages seront intégrés au cursus scolaire, permettant aux élèves de se préparer à intégrer les meilleures universités ou écoles professionnelles du pays.

Pour accéder à l'université, les élèves devront passer des concours nationaux rigoureux. Les universités elles-mêmes seront des centres d'excellence, proposant des programmes axés sur les technologies émergentes comme la blockchain, la réalité augmentée et la bio-informatique. Des partenariats avec des entreprises technologiques internationales et des organismes de recherche seront établis pour offrir aux étudiants les dernières innovations mondiales.

Exemples internationaux :

Chine : L'accès aux universités chinoises comme l'Université Tsinghua ou l'Université de Pékin se fait par des concours nationaux tels que le Gaokao, un examen rigoureux. Ces institutions offrent des programmes spécialisés en technologies de pointe et en recherche scientifique, avec des partenariats internationaux pour enrichir les opportunités des étudiants.

Singapour : Les universités de Singapour, telles que l'Université Nationale de Singapour (NUS) et l'Université Technologique de Nanyang (NTU), utilisent des examens d'entrée et des entretiens rigoureux pour sélectionner les étudiants.

Elles proposent des programmes en technologies émergentes, avec des collaborations internationales pour exposer les étudiants aux dernières innovations.

Serbie : En Serbie, les universités comme l'Université de Belgrade et l'Université de Novi Sad sélectionnent les étudiants à travers des examens d'entrée et des concours spécifiques. Ces institutions offrent des programmes en ingénierie, en informatique, et en technologies de l'information, avec des stages en collaboration avec des entreprises locales et internationales.

Les étudiants universitaires seront également encouragés à résoudre des problématiques complexes du monde réel à travers des projets de recherche ou des défis proposés par des entreprises locales, les préparant ainsi à réussir sur le marché du travail et à devenir des leaders dans leurs domaines respectifs.

Formation professionnelle et qualifiante

Un autre aspect essentiel de cette réforme éducative est la formation professionnelle. La République du Congo doit développer des centres de formation professionnelle et technique offrant des compétences en adéquation avec les besoins du marché du travail moderne.

Ces centres proposeront des programmes variés, allant des métiers traditionnels à des compétences spécialisées telles que la maintenance des systèmes informatiques, la gestion de réseaux, ou la programmation industrielle.

Pour intégrer ces écoles de formation, les élèves devront avoir obtenu au minimum le BEPC ou le baccalauréat. Un concours sera organisé pour sélectionner les étudiants les plus prometteurs souhaitant se spécialiser dans des secteurs comme l'ingénierie, la gestion des systèmes d'information, la logistique ou la gestion des données. La formation sera pratique, intégrant de nombreux modules pratiques et des stages réguliers dans des entreprises, afin de préparer les étudiants à être opérationnels dès la fin de leurs études.

Les diplômés de ces écoles pourront choisir de travailler dans la fonction publique ou dans le secteur privé, qu'il s'agisse d'entreprises locales ou internationales.

Ceux qui choisiront d'enseigner pourront devenir les futurs formateurs des écoles primaires, collèges ou lycées, ou se spécialiser dans l'encadrement de la prochaine génération d'étudiants.

Exemples internationaux :

Chine : En Chine, des centres de formation professionnelle tels que le Beijing Vocational College of Technology offrent des programmes spécialisés en gestion des systèmes informatiques et en maintenance industrielle. Les étudiants y effectuent des stages en collaboration avec des entreprises comme Lenovo et Huawei, acquérant ainsi une expérience pratique précieuse.

Singapour : Le Singapore Polytechnic et le Nanyang Polytechnic sont des exemples de centres de formation professionnelle à Singapour qui préparent les étudiants à des carrières spécifiques avec des stages dans des entreprises locales comme DBS Bank et Singapore Airlines. Les programmes sont conçus pour offrir une formation pratique et théorique en phase avec les besoins du marché.

Serbie : En Serbie, le Technical School of Belgrade et le Novi Sad College of Applied Studies proposent des programmes de formation technique avec des stages dans des entreprises locales telles que "Sitel" et "Endava". Ces stages permettent aux étudiants de mettre en pratique leurs compétences et d'acquérir une expérience précieuse.

Impact des nouvelles technologies sur l'apprentissage

L'introduction des technologies numériques dans l'éducation transforme également la manière dont les enseignants interagissent avec les élèves. Les plateformes d'apprentissage en ligne facilitent l'évaluation continue, offrant aux enseignants des outils pour suivre les progrès de chaque élève en temps réel. Cela permet d'ajuster les méthodes d'enseignement pour répondre aux besoins individuels et garantir que personne ne soit laissé pour compte.

Les technologies telles que l'intelligence artificielle (IA) et la réalité virtuelle (VR) jouent un rôle important dans l'amélioration de l'apprentissage. L'IA peut analyser les données des élèves pour identifier leurs forces et faiblesses, suggérant ainsi des ressources d'apprentissage adaptées.

La réalité virtuelle, quant à elle, offre des expériences immersives qui facilitent la compréhension de concepts complexes, par exemple en sciences ou en histoire, en transportant les élèves dans des laboratoires virtuels ou des musées interactifs.

L'enseignement à distance, rendu possible par les technologies numériques, a également montré son potentiel, en particulier dans les zones rurales et isolées où l'accès aux infrastructures éducatives est limité. Grâce aux outils numériques et à la connectivité Internet, les élèves peuvent participer à des cours en ligne, recevoir du soutien scolaire, et interagir avec des enseignants à distance. Cela permet de réduire les inégalités d'accès à l'éducation, offrant des opportunités égales pour tous les élèves, peu importe leur localisation.

Exemples internationaux :

Chine : Avec l'introduction de l'IA dans des plateformes éducatives comme Squirrel AI, les enseignants peuvent adapter les cours en fonction des besoins individuels des élèves. De plus, des laboratoires de VR sont installés dans des écoles de Pékin pour enseigner des concepts scientifiques complexes comme la physique et la chimie.

Singapour : L'utilisation de la réalité augmentée (AR) et de la réalité virtuelle (VR) dans des écoles comme la Crescent Girls' School transforme l'enseignement des matières pratiques telles que la biologie ou la géographie. Les élèves peuvent interagir avec des modèles 3D, ce qui leur permet d'approfondir leur compréhension des matières.

Serbie : En Serbie, l'enseignement à distance a été fortement soutenu lors de la pandémie de COVID-19. Des plateformes comme RTS Planeta ont permis à des milliers d'élèves dans les zones rurales d'accéder à des cours virtuels, réduisant ainsi l'écart éducatif entre les zones urbaines et rurales.

Conclusion

Les nouvelles technologies offrent une opportunité unique de moderniser l'éducation en République du Congo. Leur intégration dès les premières années de scolarité permet non seulement d'améliorer la qualité de l'enseignement, mais aussi de préparer les élèves à un avenir où les compétences numériques seront essentielles. En s'inspirant des modèles internationaux comme ceux de la Chine, de Singapour et de la Serbie, le Congo peut créer un système éducatif moderne, inclusif et durable, garantissant que chaque élève ait accès à une éducation de qualité, quel que soit son lieu de résidence ou son contexte socio-économique.

Santé Moderne et Accessible

Introduction

La santé est un pilier fondamental du développement humain et économique. Pour que la République du Congo puisse offrir à ses citoyens un accès équitable à des soins de qualité, il est crucial de moderniser le secteur de la santé en intégrant les nouvelles technologies, en réformant les infrastructures existantes, et en améliorant l'accès aux soins dans les zones rurales. Ce chapitre s'inspire des modèles de la Chine, de Singapour et de la Serbie pour proposer des solutions pratiques à la transformation du système de santé congolais.

Télémédecine et soins connectés

La télémédecine représente une avancée majeure dans la fourniture des soins de santé, permettant aux patients de consulter des professionnels à distance. Cette approche offre une solution efficace pour surmonter les obstacles liés à la distance et à la disponibilité des services médicaux, surtout dans un pays vaste comme la République du Congo.

Exemple de la Chine :

En Chine, la télémédecine est largement déployée grâce à des plateformes comme "Good Doctor" et "Ping An Good Doctor".

Ces services permettent à des millions de personnes, dans des zones urbaines comme rurales, d'accéder à des consultations médicales à distance.

Le "Telemedicine Project" du ministère de la Santé chinois a mis en place un réseau de consultation reliant des spécialistes en centres urbains avec des patients dans les régions reculées. Cette initiative a réduit les délais d'attente pour les consultations spécialisées, tout en améliorant la qualité des soins dans les régions sous-desservies.

Exemple de Singapour :

Singapour a développé des services de télémédecine avec des structures comme "SingHealth" et le "National University Health System". Le "National Telemedicine Program" permet de surveiller à distance les maladies chroniques, réduisant les visites physiques aux cliniques et facilitant un suivi plus régulier pour les patients. Ce modèle permet d'améliorer l'accès aux soins, tout en réduisant les coûts pour le système de santé.

Exemple de la Serbie :

En Serbie, des plateformes telles que "eHealth Serbia" permettent aux habitants des régions rurales de consulter des médecins à distance et d'obtenir des prescriptions médicales sans avoir à se déplacer. En 2020, une initiative gouvernementale a élargi ces services à travers le pays, en particulier dans les zones rurales, comblant ainsi le fossé en matière d'accès aux soins.

Pour le Congo, la mise en place de la télémédecine nécessitera des investissements dans les infrastructures numériques et des formations pour les professionnels de santé. Le modèle des pays cités peut servir de guide pour développer un réseau de télémédecine accessible et efficace.

Réforme des infrastructures médicales

La modernisation des infrastructures médicales est essentielle pour offrir des soins de qualité. Cela inclut la mise à niveau des hôpitaux et cliniques, la construction de nouvelles installations, et l'amélioration des conditions de travail pour les professionnels de santé.

Exemple de la Chine :

La Chine a entrepris une réforme ambitieuse de ses infrastructures médicales, avec d'importants investissements dans la construction et la modernisation des hôpitaux. Des établissements comme l'"Hôpital Ruijin" à Shanghai sont équipés des dernières technologies, offrant ainsi des soins spécialisés de haut niveau. Par ailleurs, le programme "New Rural Cooperative Medical Scheme" a financé la construction de cliniques dans les zones rurales, contribuant à l'amélioration des services médicaux dans les régions moins développées.

Exemple de Singapour :

Singapour est reconnu pour ses hôpitaux modernes tels que le "Khoo Teck Puat Hospital" et le "Singapore General

Hospital", qui utilisent des technologies de pointe pour offrir des soins de qualité supérieure. Le "Health System Masterplan" prévoit de nouveaux investissements pour moderniser les infrastructures et répondre aux besoins croissants de la population.

Exemple de la Serbie :

En Serbie, la modernisation des infrastructures médicales a été soutenue par des fonds européens et des investissements privés. Des projets comme la rénovation de l'Hôpital de Belgrade ont permis d'améliorer les conditions de traitement, contribuant à une meilleure qualité de soins pour les patients.

Pour le Congo, il est essentiel d'élaborer un plan d'investissement à long terme pour moderniser les infrastructures médicales et de coopérer avec des partenaires internationaux pour financer ces réformes.

Accès aux soins dans les zones rurales grâce aux nouvelles technologies

Les zones rurales du Congo rencontrent souvent des difficultés pour accéder aux soins médicaux à cause de la distance, du manque d'infrastructures et du nombre insuffisant de professionnels de santé. Les nouvelles technologies peuvent jouer un rôle clé pour améliorer l'accès aux soins dans ces régions.

Exemple de la Chine :

La Chine a mis en place des cliniques mobiles et des services de télémédecine pour servir les zones rurales éloignées. Les "Cliniques Mobiles de la Fondation Alibaba" offrent des services de soins de base et des consultations spécialisées dans les villages reculés. Ces unités mobiles sont équipées de matériel médical moderne et contribuent à réduire les inégalités d'accès aux soins.

Exemple de Singapour :

Bien que Singapour soit principalement urbain, des programmes comme le "Community Health Assist Scheme" utilisent des technologies pour offrir des soins à domicile aux personnes âgées et aux patients vivant dans des quartiers éloignés, un modèle adaptable pour les zones rurales du Congo.

Exemple de la Serbie :

En Serbie, le programme "Telemedicine in Rural Areas" utilise la télémédecine pour offrir des consultations dans les régions rurales.

Des initiatives financées par l'Union européenne ont permis d'équiper les centres de santé locaux avec des technologies de télémédecine, offrant ainsi une meilleure couverture médicale dans les zones isolées.

Pour la République du Congo, des stations de télémédecine dans les centres de santé locaux, associées à des formations pour le personnel médical, pourraient grandement améliorer l’accès aux soins dans les zones rurales.

Conclusion

La modernisation du secteur de la santé en République du Congo nécessite l’intégration des nouvelles technologies, la réforme des infrastructures médicales, et l’amélioration de l’accès aux soins dans les zones rurales. En s'inspirant des exemples de la Chine, de Singapour et de la Serbie, le Congo peut développer un système de santé moderne, équitable et accessible à tous, garantissant ainsi le bien-être de sa population et un développement durable.

Agriculture Mécanisée et Sécuritaire

Introduction

L'agriculture est au cœur du développement économique durable. En République du Congo, elle constitue non seulement un levier pour l'autosuffisance alimentaire, mais aussi un moteur de création d'emplois et de croissance économique. Cependant, pour maximiser son potentiel, il est crucial de moderniser le secteur agricole en intégrant des techniques avancées, en améliorant la transformation des produits locaux, et en assurant une sécurité alimentaire durable. Ce chapitre explore comment le Congo peut s'inspirer des pratiques réussies de la Chine, de Singapour et de la Serbie pour transformer son agriculture en un secteur moderne, productif et respectueux de l'environnement.

Techniques modernes de production

Le principal défi de l'agriculture au Congo réside dans son faible niveau de mécanisation, ce qui limite la capacité de production et les rendements. L'adoption de techniques modernes est essentielle pour améliorer la productivité.

Exemple de la Chine : La Chine a fait des progrès significatifs dans la modernisation de son agriculture grâce à des innovations telles que les drones pour la surveillance des cultures, la robotique pour la plantation et la récolte, et des systèmes d'irrigation intelligents. Le projet "Smart Agriculture" du gouvernement chinois utilise des capteurs pour surveiller les conditions des sols et optimiser l'irrigation. Cette technologie a permis d'augmenter les rendements dans des régions auparavant peu productives. Par exemple, dans la province du Hebei, les agriculteurs utilisant des drones pour la gestion des cultures ont observé une amélioration notable de leurs récoltes.

Exemple de Singapour : À Singapour, où l'espace agricole est limité, des solutions innovantes telles que l'agriculture verticale et les fermes urbaines ont été développées. Le projet "Sky Greens" utilise des tours de culture verticales pour maximiser l'utilisation de l'espace et produire des légumes en quantités suffisantes. Cette approche a permis à Singapour de réduire sa dépendance aux importations alimentaires et de produire des légumes frais à proximité des centres urbains. L'utilisation de technologies hydroponiques et de systèmes automatisés a transformé l'agriculture urbaine en un modèle de productivité malgré les contraintes d'espace.

Exemple de la Serbie : La Serbie a investi dans la mécanisation de son agriculture avec des équipements modernes comme des tracteurs automatisés et des systèmes d'irrigation goutte à goutte. Le programme "Serbia's Smart Farming" a introduit des technologies de gestion des sols et des cultures, augmentant ainsi les rendements agricoles et améliorant la qualité des produits.

Les exploitations agricoles serbes bénéficient désormais de logiciels de gestion qui analysent les données climatiques et les besoins des cultures pour optimiser les pratiques agricoles.

Pour le Congo, l'adoption de ces technologies modernes nécessitera des investissements significatifs dans les infrastructures et la formation des agriculteurs. Un programme national de subventions pour l'achat de matériel moderne et la mise en place de systèmes de gestion numérique des exploitations pourrait être envisagé.

Transformation locale des produits agricoles

La transformation locale des produits agricoles est essentielle pour ajouter de la valeur à la production brute, stimuler l'économie et créer des emplois. Investir dans des infrastructures de transformation est crucial pour améliorer l'autosuffisance alimentaire.

Exemple de la Chine : En Chine, des entreprises telles que "China National Chemical Corporation" et "COFCO" jouent un rôle clé dans la transformation des produits agricoles. COFCO, par exemple, possède des usines de transformation pour les céréales, les huiles et les produits laitiers, reliant directement les producteurs locaux à l'industrie de transformation alimentaire. Cette intégration verticale améliore la rentabilité et crée des opportunités économiques pour les agriculteurs locaux.

Exemple de Singapour : Singapour, malgré sa dépendance aux importations alimentaires, a développé un secteur de transformation alimentaire dynamique. Des entreprises telles que "Streets" se spécialisent dans la production de produits alimentaires à partir d'ingrédients locaux transformés.

Le gouvernement singapourien encourage également les start-ups dans le secteur de la transformation alimentaire à travers des programmes de soutien et des incubateurs comme "Innovate 360", qui offrent des ressources et un soutien aux entreprises locales.

Exemple de la Serbie : En Serbie, le secteur de la transformation alimentaire est en plein essor avec des entreprises comme "MK Group" et "Agroexport" qui transforment des produits agricoles en aliments prêts à être commercialisés. Ces entreprises jouent un rôle crucial dans l'économie serbe en créant des emplois et en exportant des produits transformés à travers l'Europe.

Les PME serbes dans ce secteur bénéficient de soutiens gouvernementaux et d'investissements pour développer des infrastructures de transformation.

Pour le Congo, le développement d'une industrie locale de transformation alimentaire pourrait inclure la construction de nouvelles usines et l'octroi de subventions aux PME locales. La création de partenariats avec des entreprises internationales pourrait également aider à transférer des technologies et des pratiques de transformation avancées.

Sécurité alimentaire et innovations en agriculture durable

La sécurité alimentaire est essentielle pour toute nation. Adopter des pratiques agricoles durables est une manière efficace de garantir cette sécurité. L'agriculture durable se concentre sur la diversification des cultures, l'utilisation de technologies propres et une gestion responsable des ressources.

Exemple de la Chine : La Chine a lancé l'initiative "Green Agriculture" pour promouvoir des pratiques agricoles durables.

Le gouvernement chinois encourage l'utilisation de technologies d'agriculture de précision pour minimiser l'utilisation de pesticides et d'engrais chimiques. Le programme "Organic Agriculture Development" soutient également la production biologique, favorisant des pratiques qui préservent la santé des sols et la biodiversité.

Exemple de Singapour : Singapour adopte un modèle d'agriculture durable à travers des systèmes circulaires où les déchets agricoles sont réutilisés comme engrais et l'eau est recyclée pour l'irrigation.

Le programme "Sustainable Urban Food Production" vise à réduire l'impact environnemental tout en maximisant la production alimentaire. Cette approche permet d'optimiser l'utilisation des ressources naturelles malgré les contraintes d'espace.

Exemple de la Serbie : En Serbie, l'agriculture biologique est en croissance, avec des initiatives telles que le "Serbian Organic Agriculture Development Program". Ce programme soutient les agriculteurs dans la transition vers des pratiques biologiques, telles que la culture diversifiée et l'utilisation minimale de produits chimiques. Les produits biologiques serbes sont de plus en plus recherchés en Europe, ce qui démontre le potentiel économique de l'agriculture durable. Pour la République du Congo, la mise en œuvre de pratiques agricoles durables pourrait inclure la formation des agriculteurs sur les techniques de culture respectueuses de l'environnement et l'instauration de politiques favorisant l'agriculture biologique.

L'adoption de technologies propres et de systèmes de gestion des ressources pourrait également aider à assurer une production alimentaire durable et résiliente.

Conclusion

L'adoption de techniques modernes en agriculture, la transformation locale des produits agricoles et l'innovation en matière de sécurité alimentaire sont essentielles pour assurer la prospérité et la sécurité alimentaire en République du Congo. En s'inspirant des exemples réussis de la Chine, de Singapour et de la Serbie, le Congo peut développer une agriculture mécanisée et sécurisée, capable non seulement de répondre aux besoins alimentaires internes, mais aussi de contribuer à l'exportation et au développement économique. Avec des investissements dans la mécanisation, la transformation locale et des pratiques agricoles durables, le Congo pourra atteindre l'autosuffisance alimentaire, créer des emplois et améliorer la qualité de vie de ses citoyens, tout en participant activement à l'économie mondiale.

Eau et Électricité pour Tous

Introduction

L'accès à l'eau potable et à l'électricité est essentiel pour le développement socio-économique d'un pays. En République du Congo, bien que ces ressources soient disponibles, leur distribution et gestion sont souvent insuffisantes, en particulier dans les zones rurales. L'ère des nouvelles technologies offre une opportunité unique pour transformer ces secteurs de manière durable. Le Congo devra adopter des technologies modernes, moderniser ses infrastructures et encourager l'innovation pour garantir un accès équitable à l'eau, à l'électricité et à l'énergie propre pour tous.

Solutions durables pour l'accès à l'eau potable

L'accès à l'eau potable est un droit fondamental, mais de nombreuses régions rurales du Congo souffrent de pénuries chroniques d'eau, exacerbées par une mauvaise gestion des ressources et des infrastructures obsolètes. Pour remédier à cette situation, il est nécessaire d'adopter des technologies innovantes et des pratiques durables.

Exemple de la Chine : Le projet du transfert d'eau Sud-Nord en Chine est une initiative colossale visant à redistribuer les ressources en eau des régions du sud, riches en eau, vers le nord, plus aride. Ce projet utilise des technologies avancées de pompage et de traitement pour acheminer l'eau sur des milliers de kilomètres. Par exemple, le canal de transfert d'eau du Sud-Nord alimente des villes comme Pékin en eau potable. Le Congo, avec ses nombreuses rivières et précipitations abondantes, pourrait développer un système similaire en optimisant la collecte et la distribution de l'eau, en mettant l'accent sur la modernisation des infrastructures de traitement et de distribution.

Exemple de Singapour : Singapour, avec ses ressources naturelles limitées, a développé des solutions innovantes pour l'eau potable. Le pays a investi massivement dans des usines de dessalement, comme l'usine de dessalement de Tuas, qui fournit une grande partie de l'eau potable. De plus, le concept de "NEWater" permet de recycler les eaux usées en eau potable grâce à un processus de purification avancé. Ce modèle pourrait être adapté pour le Congo dans les zones où l'accès à des sources d'eau naturelles est limité, en mettant en place des infrastructures de dessalement et de recyclage des eaux usées.

Exemple de la Serbie : La Serbie a pris des mesures significatives pour améliorer l'accès à l'eau potable en mettant en œuvre des projets soutenus par l'Union Européenne pour moderniser ses infrastructures hydrauliques. Par exemple, la ville de Niš a bénéficié d'un projet de purification d'eau financé par des fonds européens, améliorant l'accès à l'eau potable dans les régions rurales. Le Congo pourrait s'inspirer de ces initiatives en développant des systèmes locaux de purification et de distribution d'eau, en particulier dans les zones reculées, tout en impliquantdes partenaires internationaux pour renforcer les capacités locales.

Énergies renouvelables : solaire, hydroélectrique, éolien et autres

Le Congo possède un immense potentiel pour le développement des énergies renouvelables, notamment l'énergie solaire, l'hydroélectricité et l'éolien. L'adoption de ces solutions peut garantir un accès universel à l'électricité tout en contribuant à la réduction des émissions de carbone et à la protection de l'environnement.

Exemple de la Chine : La Chine est un leader mondial dans le développement des énergies renouvelables. Des entreprises comme BYD et Huawei ont joué un rôle crucial dans l'expansion des énergies renouvelables et des technologies propres. BYD, par exemple, produit des véhicules électriques qui réduisent les émissions polluantes dans les villes, tandis que Huawei développe des solutions de stockage d'énergie solaire. En collaborant avec des partenaires chinois, le Congo pourrait promouvoir l'utilisation de véhicules électriques dans ses principales villes et investir dans des solutions de stockage d'énergie solaire pour améliorer l'approvisionnement en électricité.

Exemple de Singapour : Singapour est devenu un modèle de développement durable en matière d'énergies renouvelables. Le pays utilise des panneaux solaires flottants sur ses réservoirs d'eau pour maximiser la production d'énergie dans un espace limité. Le projet

"Floating Solar Photovoltaic Systems" est un exemple parfait de cette approche. Le Congo pourrait adapter ce modèle en installant des panneaux solaires flottants sur ses réservoirs, ce qui permettrait de produire de l'énergie propre tout en réduisant les coûts de distribution.

Exemple de la Serbie : La Serbie a développé plusieurs parcs éoliens, comme le parc éolien de Kovačica, pour réduire sa dépendance aux énergies fossiles. Ces parcs éoliens ont non seulement amélioré la production d'énergie verte mais ont également contribué à la diversification du mix énergétique du pays. Le Congo, avec ses courants d'air favorables dans certaines régions, pourrait suivre cet exemple en exploitant le potentiel éolien pour générer de l'électricité propre. Les technologies avancées de production et de stockage d'énergie développées en Chine et en Serbie pourraient aider le Congo à intégrer ces ressources dans un réseau électrique moderne.

L'hydrogène, considéré comme l'énergie du futur, représente également une opportunité pour le Congo. Des projets comme ceux menés par Huawei en Chine, qui utilisent l'électrolyse pour produire de l'hydrogène à partir d'énergies renouvelables, pourraient être explorés. En développant des infrastructures pour la production d'hydrogène, le Congo pourrait utiliser cette énergie pour alimenter des véhicules, des industries ou des systèmes de chauffage.

Mobilité verte et robotique : des solutions pour l'avenir

La mobilité verte ne se limite pas aux voitures électriques. À l'avenir, les taxis robots autonomes pourraient jouer un rôle crucial dans le Congo de demain. Ces véhicules pourraient circuler 24h/24 dans les villes, assurant un service de transport rapide et sans émission de gaz à effet de serre. En situations d'urgence médicale, ces taxis autonomes pourraient également transporter les malades à l'hôpital, offrant une solution complémentaire aux ambulances traditionnelles.

Exemple de la Chine : Des entreprises comme Baidu et Didi Chuxing travaillent sur des technologies de conduite autonome. Baidu, par exemple, teste des taxis autonomes dans des villes comme Pékin et Shanghai, tandis que Didi Chuxing développe des solutions de livraison autonomes. Ces technologies, une fois adaptées aux infrastructures du Congo, pourraient transformer les systèmes de transport urbain et améliorer l'accès aux services d'urgence.

Exemple de Singapour : Singapour est un leader mondial en matière de villes intelligentes et utilise des technologies de véhicules autonomes dans ses transports publics.

Le projet "Autonomous Vehicle Trials" de Singapour est un exemple de l'intégration de la robotique dans les transports. En introduisant des véhicules autonomes, le Congo pourrait réduire la congestion urbaine et limiter la pollution, tout en offrant un accès amélioré aux services publics.

Modernisation des infrastructures électriques et gazières

Pour déployer ces innovations à grande échelle, il est indispensable de moderniser les infrastructures électriques et gazières. L'une des avancées clés sera de rendre l'accès au gaz domestique aussi simple que l'électricité ou l'eau, en distribuant le gaz via des réseaux souterrains directement dans les foyers.

Exemple de la Chine : La Chine a modernisé son réseau gazier grâce à des technologies intelligentes permettant de surveiller et de réguler la distribution de gaz en temps réel. Le système de gestion des réseaux gaziers de la China National Petroleum Corporation utilise des capteurs et des logiciels pour optimiser la distribution et assurer la sécurité. En s'inspirant de ces modèles, le Congo pourrait moderniser ses infrastructures gazières pour améliorer la distribution et réduire les risques liés aux fuites de gaz.

Exemple de Singapour : La Smart Nation Initiative de Singapour a intégré des technologies de paiement mobile pour faciliter le paiement des factures d'eau, de gaz et d'électricité via des smartphones. Ce modèle de facturation électronique permet aux citoyens de suivre leur consommation et de gérer leurs paiements de manière instantanée. Avec la modernisation des infrastructures et des réseaux intelligents, le Congo pourrait également adopter des solutions similaires pour améliorer la gestion des ressources et la satisfaction des consommateurs.

Conclusion

La transformation de l'accès à l'eau et à l'électricité en République du Congo nécessite une adoption ambitieuse des énergies renouvelables et des technologies de pointe. En s'inspirant des réussites de la Chine, de Singapour et de la Serbie, le Congo peut devenir un leader en matière de solutions durables pour l'eau, l'électricité et la mobilité verte. L'introduction de véhicules autonomes, de taxis robots, d'ambulances intelligentes, et de facturations électroniques marquera le chemin vers un avenir moderne, durable et inclusif, garantissant un accès équitable à ces ressources essentielles pour tous les citoyens.

Partie 2 : Secteurs Clés pour le Développement Économique

Une Économie Structurée et Innovante

Introduction

Pour bâtir une économie prospère, moderne et durable, la République du Congo doit embrasser une approche structurée et innovante qui intègre des réformes fiscales efficaces, soutient les PME et start-ups technologiques, et optimise la transformation locale des ressources naturelles. Ce chapitre explore ces aspects en détaillant les approches et succès observés en Chine, Singapour et en Serbie, et propose des pistes concrètes pour le Congo.

Gouvernance économique et réformes fiscales locales

Une économie bien structurée repose sur une gestion efficace des ressources publiques et une transparence accrue dans les finances publiques. Les exemples de la Chine, de Singapour et de la Serbie offrent des modèles inspirants pour la réforme du système économique congolais.

Chine

En Chine, la réforme fiscale et la gestion des ressources publiques ont été au cœur du développement économique spectaculaire du pays. L'Administration Générale des Douanes de Chine et le Ministère des Finances ont mis en place des systèmes sophistiqués de collecte et de gestion des recettes fiscales. Les Zones Économiques Spéciales (ZES), comme celle de Shenzhen, ont permis de créer des pôles d'investissement avec des avantages fiscaux pour les entreprises, ce qui a conduit à une croissance rapide des PME et des start-ups. Shenzhen, autrefois une petite ville, est maintenant un centre technologique mondial abritant des géants tels que Huawei et Tencent.

Singapour

Singapour est un modèle de transparence et d'efficacité fiscale. Le gouvernement, par l'intermédiaire du Ministère des Finances et de l'Autorité Monétaire de Singapour, a instauré des régulations strictes pour garantir une gestion transparente des fonds publics. Le pays a introduit des initiatives comme le "Singapore Budget" et le "Singapore Economic Development Board (EDB)" pour soutenir les investissements et réformes économiques. Singapour a ainsi attiré des entreprises technologiques majeures telles que Google et Facebook, grâce à un environnement fiscal et réglementaire favorable.

Serbie

En Serbie, des réformes économiques récentes ont été mises en œuvre pour moderniser la gestion des finances publiques. Le Ministère des Finances a mis en place des réformes visant à améliorer la transparence fiscale et à simplifier les régulations pour les entreprises. La Serbie a attiré des investissements étrangers par le biais d'incitations fiscales et de réformes législatives favorisant les PME, comme le programme "Serbia Startup".

Développement des PME et start-ups technologiques

Les PME et start-ups jouent un rôle crucial dans l'innovation économique. L'exemple de la Chine, de Singapour et de la Serbie montre comment ces entreprises peuvent évoluer pour devenir des leaders mondiaux.

Chine

La Chine a vu l'émergence de géants technologiques comme Alibaba, Baidu, et Xiaomi, qui ont commencé comme des start-ups avant de devenir des leaders mondiaux dans leurs secteurs respectifs. Le soutien gouvernemental à travers des incubateurs comme le "Tianjin Binhai Hi-tech Industrial Development Area" et des fonds d'investissement tels que le "China Investment Corporation (CIC)" a facilité leur croissance. Ces entreprises ont transformé le paysage économique chinois et global, avec des innovations allant de la technologie des paiements en ligne à l'électronique grand public.

Singapour

À Singapour, des start-ups comme Razer et Sea Group (anciennement Garena) ont bénéficié d'un soutien significatif à travers le "Startup SG" et des partenariats avec le "Infocomm Media Development Authority (IMDA)". Singapour a également attiré des entreprises de premier plan telles que Grab et Red Dot Payment, devenues des acteurs majeurs dans leurs domaines respectifs. Ces réussites montrent comment un soutien institutionnel et un environnement favorable peuvent propulser des start-ups locales à l'échelle mondiale.

Serbie

En Serbie, des entreprises comme Nordeus (développeur de jeux vidéo) et Seven Bridges (biotechnologie) ont émergé grâce au soutien des programmes de l'Union Européenne et des initiatives locales telles que le "Startit Center". La Serbie a investi dans des incubateurs et des centres d'innovation pour aider les jeunes entreprises à se développer et à s'internationaliser, favorisant ainsi l'innovation dans les domaines technologiques et créatifs.

Transformation locale des ressources naturelles : agriculture, élevage et pêche

Pour tirer le meilleur parti de ses ressources naturelles, le Congo doit se concentrer sur la transformation locale. L'expérience de la Chine, de Singapour et de la Serbie dans ce domaine offre des leçons précieuses.

Chine

La Chine a transformé ses ressources naturelles pour créer une industrie agroalimentaire robuste. Des entreprises comme COFCO Corporation et Charoen Pokphand Group (CP Group) jouent un rôle clé dans la transformation locale des produits agricoles, du soja au maïs. L'approche de la Chine en matière de transformation locale est un modèle pour le Congo, avec une emphase sur l'intégration de la technologie dans les processus de production et de transformation.

Singapour

Bien que Singapour ne possède pas de ressources naturelles significatives, le pays a développé des systèmes de transformation alimentaire en se concentrant sur l'importation de matières premières et leur transformation locale. Des entreprises comme Yeo's et Food Empire Holdings ont prospéré en transformant des ingrédients importés en produits finis, démontrant comment une économie peut réussir malgré des contraintes en matière de ressources naturelles.

Serbie

En Serbie, l'accent est mis sur la transformation des produits agricoles locaux. Des entreprises comme Imlek (produits laitiers) et Delta Agrar (agriculture et élevage) ont développé des infrastructures pour transformer les produits agricoles en biens de consommation locaux. La Serbie a investi dans des technologies modernes pour améliorer l'efficacité de la transformation et de la distribution des produits, réduisant ainsi la dépendance à l'importation.

Conclusion

En s'inspirant des succès observés en Chine, à Singapour et en Serbie, la République du Congo peut construire une économie structurée et innovante. Les réformes fiscales, le soutien aux PME et start-ups, et la transformation locale des ressources naturelles sont des étapes clés pour assurer une croissance économique durable et équitable. En mettant en œuvre ces stratégies, le Congo pourra non seulement maximiser le potentiel de ses ressources, mais aussi positionner ses entreprises comme des leaders dans l'économie mondiale de demain.

Pêche et Élevage : Secteurs de Croissance

Introduction

La pêche et l'élevage sont des piliers essentiels pour l'économie agricole d'un pays, particulièrement pour la République du Congo. Leur modernisation et leur intégration dans des chaînes de valeur globalisées peuvent offrir des opportunités significatives pour améliorer la sécurité alimentaire, stimuler la croissance économique et promouvoir des pratiques durables. Ce chapitre explore les stratégies et les innovations qui peuvent transformer ces secteurs en moteurs de développement.

Modernisation de la pêche et de l'aquaculture

Techniques de Pêche Modernes

La pêche, secteur vital pour l'économie locale, peut bénéficier grandement de la modernisation des techniques. L'adoption de technologies avancées telles que les sondeurs de poissons et les systèmes de suivi GPS permet de maximiser l'efficacité des opérations de pêche tout en minimisant l'impact environnemental.

Par exemple, en Chine, les pratiques de pêche durable se sont développées grâce à l'utilisation de réseaux intelligents et de technologies de traçabilité qui aident à prévenir la surpêche et à protéger les écosystèmes marins. Singapour, de son côté, est un modèle pour la pêche urbaine durable et a investi dans des technologies innovantes telles que les fermes aquacoles en milieu urbain.

Aquaculture Innovante

L'aquaculture est un domaine en pleine expansion, avec des technologies permettant d'améliorer la qualité et la quantité des produits aquatiques. En Serbie, la modernisation de l'aquaculture a été marquée par l'adoption de systèmes de recirculation d'eau qui optimisent les conditions de croissance des poissons et minimisent les déchets.

La Chine, leader mondial dans ce domaine, a intégré des solutions de culture en eau fermée qui réduisent l'impact environnemental tout en augmentant les rendements. Singapour utilise également des technologies avancées comme les fermes aquacoles intégrées aux bâtiments pour produire du poisson en milieu urbain, réduisant ainsi la dépendance aux importations.

Élevage mécanisé et transformation des produits d'élevage

Élevage Mécanisé

L'élevage mécanisé permet une augmentation significative de la productivité tout en garantissant le bien-être animal. En Chine, des fermes automatisées utilisent des robots pour la traite, la gestion des aliments et le nettoyage, ce qui a entraîné une augmentation de l'efficacité et de la qualité des produits laitiers.

Singapour, malgré sa petite taille, a développé des systèmes d'élevage intégrés et technologiquement avancés, incluant des solutions de surveillance à distance pour optimiser les conditions d'élevage. En Serbie, l'introduction de l'élevage mécanisé a également permis d'améliorer les standards de production et d'augmenter les rendements tout en réduisant le besoin de main-d'œuvre intensive.

Transformation des Produits d'Élevage

La transformation locale des produits d'élevage est essentielle pour ajouter de la valeur aux produits bruts. En Chine, de grandes entreprises comme WH Group (propriétaire de Smithfield Foods) ont investi dans des installations de transformation moderne, permettant de produire une large gamme de produits dérivés de la viande. Singapour a mis en place des standards stricts pour les produits alimentaires et a développé des infrastructures de transformation qui respectent les normes les plus élevées en matière de qualité et de sécurité alimentaire. En Serbie, la transformation des produits d'élevage a bénéficié de l'expertise internationale, permettant à des entreprises locales telles que Carnex d'exporter leurs produits sur les marchés européens.

Valorisation des produits locaux et intégration au marché international

Valorisation des Produits Locaux

La valorisation des produits locaux est cruciale pour maximiser les bénéfices économiques des ressources naturelles. En Chine, les politiques de soutien aux produits locaux, comme les promotions de produits régionaux dans les grandes villes, ont aidé à développer des marques nationales fortes. Singapour a également réussi à valoriser des produits alimentaires locaux à travers des initiatives telles que les marchés de producteurs et les campagnes de sensibilisation à la consommation locale. En Serbie, des initiatives comme le label "Produit du terroir" ont aidé les producteurs locaux à se distinguer sur le marché international.

Intégration au Marché International

Pour intégrer les produits locaux au marché international, il est essentiel de répondre aux normes de qualité et de sécurité. En Chine, des entreprises comme Alibaba ont facilité l'accès des producteurs locaux aux marchés mondiaux par le biais de plateformes d'e-commerce. Singapour, avec son port ultra-moderne, joue un rôle clé dans la distribution internationale des produits locaux, utilisant ses infrastructures logistiques de classe mondiale pour exporter efficacement. En Serbie, l'intégration au marché international a été renforcée par les accords commerciaux avec l'Union européenne, permettant aux producteurs serbes de se positionner sur les marchés européens.

Conclusion

En modernisant la pêche et l'aquaculture, en mécanisant l'élevage et en valorisant les produits locaux, la République du Congo peut non seulement accroître sa sécurité alimentaire mais aussi stimuler son économie.

L'exemple de la Chine, Singapour, et la Serbie offre des modèles inspirants pour transformer ces secteurs en moteurs de croissance durable, tout en intégrant les produits locaux dans les chaînes de valeur internationales. Ces efforts contribueront à bâtir une économie diversifiée et prospère, capable de tirer pleinement parti de ses ressources naturelles et humaines.

Économie Fluviale et Ressources Hydriques

Introduction

L'économie fluviale est un pilier clé du développement économique pour de nombreux pays, notamment ceux dotés de réseaux fluviaux étendus. Elle ne se limite pas au transport de marchandises et aux infrastructures portuaires, mais englobe également la gestion des ressources naturelles, le développement durable et l'exploitation touristique. Pour la République du Congo, le fleuve Congo et ses affluents représentent une immense richesse, non seulement pour leur potentiel économique, mais aussi pour leur importance stratégique dans l'intégration régionale et internationale. En s'inspirant de pays comme la Chine, Singapour et la Serbie, qui ont su tirer parti de leurs ressources hydriques à travers des réformes innovantes et des institutions adaptées, le Congo peut intégrer cette richesse dans son modèle de développement à long terme.

Transport Fluvial et Commerce Régional

Le transport fluvial est une alternative souvent sous-exploitée, pourtant cruciale pour les pays dotés de vastes réseaux de rivières. Il s'agit d'un moyen efficace, écologique et économique de transporter des marchandises, surtout dans les zones où les infrastructures routières sont insuffisantes ou coûteuses à développer. L'intégration des systèmes de transport fluvial dans les réseaux de commerce régional peut transformer un pays en un centre névralgique d'échanges, tout en soutenant la croissance économique locale.

Exemple de la Chine : La Modernisation des Canaux pour un Commerce Intérieur et Extérieur Dynamique

En Chine, l'un des projets les plus emblématiques de développement fluvial est celui des Grands Canaux, un réseau de voies navigables interconnectées qui remonte à plusieurs siècles mais qui a été modernisé pour répondre aux exigences contemporaines. Ce projet relie les principales villes du pays et joue un rôle essentiel dans le transport des marchandises à travers la Chine. Les réformes entreprises par la Chine dans le cadre de son Plan quinquennal ont également permis de renforcer les infrastructures logistiques autour des fleuves. La Commission nationale du développement et de la réforme (NDRC) a été un acteur clé dans la planification de ces projets, assurant une meilleure intégration des transports fluviaux dans l'économie nationale. Le développement du Canal Yangtze, qui est maintenant l'une des principales voies de navigation intérieure en Asie, a permis à des millions de tonnes de marchandises d'être acheminées chaque année, réduisant ainsi la pression sur les transports routiers et ferroviaires.

Dans le contexte du Congo, la réhabilitation et la modernisation du réseau fluvial pourraient rendre les échanges commerciaux plus fluides, en particulier avec les pays voisins comme la République démocratique du Congo, l'Angola ou le Gabon. Le fleuve Congo, deuxième plus long fleuve du monde par débit, pourrait devenir un corridor commercial majeur pour l'Afrique centrale.

Exemple de Singapour : Le Développement Portuaire et la Connectivité Régionale

Bien que Singapour ne soit pas traversé par de grandes rivières, le pays a su transformer son positionnement stratégique maritime en atout majeur pour le commerce. Le Port de Singapour est l'un des plus grands et des plus actifs au monde, servant de plaque tournante pour le commerce en Asie du Sud-Est. Ce succès est en grande partie dû à la vision stratégique de Singapour qui a investi massivement dans les infrastructures portuaires, mais aussi à des réformes institutionnelles pour améliorer l'efficacité logistique.

L'Autorité maritime et portuaire de Singapour (MPA) a mis en place des politiques visant à optimiser la gestion du port, en utilisant des technologies avancées comme la gestion intelligente du trafic maritime. Le port est équipé de systèmes automatisés pour la gestion des conteneurs, et des politiques fiscales attrayantes ont été mises en place pour encourager les investissements étrangers dans le secteur logistique.

Le Congo pourrait s'inspirer de ce modèle en créant un port fluvial moderne à Brazzaville ou à Kinshasa, qui servirait de hub pour les marchandises transitant dans toute la région d'Afrique centrale. Un système de gestion automatisé pour les échanges commerciaux sur le fleuve

Congo pourrait accroître l'efficacité et réduire les coûts pour les entreprises locales.

Exemple de la Serbie : Le Danube et l'Intégration Européenne

En Serbie, le fleuve Danube est une artère vitale pour l'économie du pays. Le développement du transport fluvial le long du Danube a permis de renforcer l'intégration de la Serbie avec l'Union européenne, en facilitant les échanges commerciaux. Les réformes entreprises sous la supervision du Ministère de l'Infrastructure et de l'Énergie serbe ont permis de moderniser les ports fluviaux et de développer des corridors de transport pour relier la Serbie à d'autres marchés européens.

Grâce à des projets financés par l'Union européenne, comme le projet de modernisation du corridor VII, la Serbie a pu augmenter la capacité de transport fluvial, tout en assurant un respect des normes environnementales strictes. Le Congo pourrait bénéficier d'une assistance internationale similaire pour moderniser ses infrastructures fluviales et accroître sa compétitivité régionale.

Valorisation des Ressources Fluviales et Lacustres

Les ressources fluviales et lacustres ne se limitent pas au transport. Elles incluent également des ressources biologiques (comme la pêche), des ressources minérales (comme le sable et le gravier), ainsi que des possibilités pour la production d'énergie hydroélectrique. La valorisation de ces ressources doit se faire de manière durable pour assurer une exploitation à long terme, tout en protégeant l'écosystème fluvial.

Exemple de la Chine : La Gestion Durable des Ressources du Yangtsé

En Chine, le bassin du Yangtsé est un modèle de gestion durable des ressources fluviales. L'Administration de la Conservation des Ressources Aquatiques du Yangtsé a mis en place des régulations strictes pour limiter la surpêche et protéger les espèces en voie de disparition. En parallèle, la Chine a développé des projets d'hydroélectricité sur le fleuve, comme le célèbre barrage des Trois Gorges, qui est la plus grande centrale hydroélectrique du monde.

L'exploitation des ressources fluviales dans le cadre de ce projet a non seulement contribué à la production d'électricité pour des millions de foyers, mais a également permis de mieux contrôler les inondations dans la région. Le Congo, qui dispose également d'un énorme potentiel hydroélectrique avec le fleuve Congo, pourrait suivre cet exemple en investissant dans des projets d'infrastructure qui équilibrent exploitation économique et protection environnementale.

Exemple de Singapour : L'Innovation au Service de la Gestion de l'Eau

Singapour est souvent cité comme un exemple mondial en matière de gestion des ressources en eau. Avec très peu de ressources naturelles en eau, Singapour a développé des solutions innovantes pour maximiser l'utilisation de chaque goutte d'eau disponible. Le projet NEWater, qui consiste à recycler les eaux usées pour en faire de l'eau potable, est un exemple phare de cette approche.

L'Agence nationale de l'eau de Singapour (PUB) gère également les réservoirs d'eau douce du pays, en intégrant des systèmes d'irrigation pour l'agriculture urbaine et des activités de loisirs autour des lacs et des réservoirs. Pour le Congo, qui dispose de vastes ressources en eau douce, l'introduction de systèmes de gestion durable de l'eau inspirés de Singapour pourrait avoir un impact majeur, notamment dans les zones où l'accès à l'eau potable reste limité.

Exemple de la Serbie : Hydroélectricité et Gestion des Ressources Naturelles

La Serbie utilise activement ses ressources fluviales pour la production d'énergie hydroélectrique. Le Projet hydroélectrique de Djerdap, développé sur le Danube, est un exemple de collaboration internationale avec la Roumanie. En produisant de l'énergie propre, la Serbie a non seulement réduit sa dépendance aux énergies fossiles, mais a aussi stimulé son économie locale grâce à la création d'emplois dans le secteur énergétique.

Pour le Congo, dont le potentiel hydroélectrique est estimé parmi les plus élevés au monde, le développement de projets similaires, couplé à une bonne gestion des ressources naturelles, pourrait transformer le secteur énergétique du pays. Cela permettrait non seulement de répondre aux besoins locaux, mais aussi d'exporter de l'électricité vers d'autres pays de la région.

Intégration de l'Économie Fluviale au Tourisme

Le tourisme fluvial représente une source de revenus supplémentaire pour les régions qui savent mettre en valeur leurs paysages naturels et leur patrimoine culturel.
En intégrant l'économie fluviale dans les stratégies de développement touristique, le Congo pourrait attirer des visiteurs du monde entier, tout en stimulant les économies locales.

Exemple de la Chine : Croisières sur le Yangtsé et Tourisme Culturel

Le tourisme fluvial en Chine est un secteur en pleine expansion, notamment sur le fleuve Yangtsé. Des croisières de luxe, combinées à des visites de sites historiques et culturels, attirent chaque année des millions de touristes chinois et internationaux. Le Ministère de la Culture et du Tourisme chinois a soutenu des initiatives visant à promouvoir le fleuve comme une destination touristique incontournable, mettant en valeur des sites comme les gorges du Yangtsé et les temples anciens.

Le Congo pourrait développer des circuits touristiques similaires sur le fleuve Congo, mettant en avant la beauté naturelle du bassin du Congo, ainsi que les villages traditionnels et la riche histoire culturelle de la région. Des croisières le long du fleuve pourraient devenir une attraction majeure, générant des revenus pour les communautés locales et soutenant la conservation de l’environnement.

Exemple de Singapour : Les Réservoirs comme Attractions Touristiques

Singapour a intégré la gestion de ses réservoirs d'eau dans son offre touristique. Des activités comme la navigation de plaisance, la pêche sportive, et les sentiers de randonnée autour des réservoirs attirent chaque année des milliers de visiteurs. Le Conseil du Tourisme de Singapour travaille en étroite collaboration avec l’Agence nationale de l'eau pour promouvoir ces attractions tout en sensibilisant les visiteurs à l'importance de la conservation de l'eau.

Pour le Congo, le développement d'infrastructures touristiques autour de ses lacs et rivières pourrait jouer un rôle similaire. L'intégration de la gestion durable de l'eau avec des activités touristiques permettrait de sensibiliser le public à l’importance de la préservation des ressources naturelles tout en générant des revenus.

Exemple de la Serbie : Le Danube comme Destination Touristique

Le fleuve Danube est l'un des principaux attraits touristiques de la Serbie. Des événements culturels, des festivals de musique et des croisières sont organisés chaque année le long du fleuve, attirant des visiteurs du monde entier. Le gouvernement serbe, via l'Office national du tourisme, a mis en place des initiatives pour promouvoir le Danube comme une destination touristique de premier plan, mettant l'accent sur la beauté naturelle du fleuve et son importance historique.

Le Congo pourrait suivre l'exemple de la Serbie en développant des festivals et événements culturels autour de ses fleuves et lacs, attirant ainsi des visiteurs et renforçant l'économie locale. Le fleuve Congo, avec son écosystème unique, pourrait devenir une destination de choix pour les amateurs de nature et de culture, tout en contribuant à la protection des environnements aquatiques.

Conclusion

L'économie fluviale offre une opportunité unique pour la République du Congo de stimuler son développement économique tout en préservant ses ressources naturelles. Les exemples de la Chine, de Singapour et de la Serbie montrent que des réformes appropriées et une gestion efficace des ressources fluviales peuvent transformer une région en un pôle dynamique pour le commerce, le tourisme et l'énergie. En investissant dans les infrastructures fluviales, en valorisant durablement les ressources aquatiques et en intégrant le tourisme dans son développement, le Congo peut s'assurer une croissance à long terme qui bénéficie tant à l'économie qu'à l'environnement.

Partie 3 : Tourisme, Culture et Traditions

Tourisme Durable et Économie Fluvial

Introduction

Le tourisme durable constitue un levier puissant pour les pays dotés d'une riche biodiversité et de paysages naturels impressionnants, comme la République du Congo. Le pays abrite des trésors écologiques et culturels uniques, notamment les chutes de Djeno et celles de Sounda, les plages naturelles du Kouilou, et les vastes forêts côtières longeant l'océan Atlantique. Ces ressources, bien que sous-exploitées, offrent un potentiel considérable pour le développement économique tout en favorisant la protection de l'environnement. Le tourisme durable ne se limite pas à une simple exploitation économique des ressources naturelles, mais vise à intégrer les communautés locales, protéger les écosystèmes et offrir une expérience immersive qui éduque et sensibilise les visiteurs.

En s'inspirant des initiatives pionnières dans des pays comme la Chine, Singapour, et la Serbie, le Congo peut tirer parti de son environnement naturel pour créer un modèle économique respectueux de l'environnement, en promouvant des réformes qui renforcent les capacités institutionnelles, encouragent les investissements durables, et établissent des infrastructures vertes. Des exemples de villes chinoises comme Hainan Sanya, Qingdao, Shanghai, ou Foshan illustrent des stratégies réussies dans la mise en œuvre du tourisme écologique, chacune ayant des approches et des cadres institutionnels uniques. Ces stratégies pourraient grandement inspirer le Congo dans son développement touristique durable.

Les Chutes de Djeno et les Plages Naturelles du Kouilou

Les chutes de Djeno, situées dans la région de Pointe-Noire, ainsi que les plages naturelles environnantes, constituent un patrimoine naturel d'une immense valeur. Ces sites restent cependant peu développés, et leur intégration dans une stratégie de développement durable pourrait générer des revenus substantiels tout en préservant les écosystèmes locaux. Le défi pour la République du Congo est de trouver un équilibre entre la promotion du tourisme et la conservation des richesses naturelles.

Exemple de la Chine : Hainan Sanya et la Transformation du Tourisme Côtier

La ville insulaire de Hainan Sanya, souvent surnommée les "Hawaï de la Chine", illustre parfaitement comment le tourisme côtier peut être transformé en un moteur économique tout en respectant les principes de durabilité. Hainan, confrontée à une affluence touristique massive, a adopté des réformes pour protéger ses plages et la biodiversité marine. Des lois strictes sur la conservation des récifs coralliens ont été mises en place, ainsi que des réglementations pour contrôler la construction de nouveaux complexes touristiques.

En s'inspirant du modèle de Hainan, le Congo pourrait établir des zones protégées autour des chutes de Djeno et des plages du Kouilou, en limitant l'urbanisation non contrôlée et en introduisant des politiques de tourisme vert. Des partenariats avec des entreprises chinoises spécialisées dans le tourisme durable, comme celles développant des complexes écologiques à Hainan, pourraient être mis en place pour investir dans des infrastructures locales qui privilégient l'écologie.

Exemple de Singapour : Sentosa Island et la Gestion des Espaces Touristiques

Singapour a fait de l'île de Sentosa un modèle de tourisme intégré, où développement économique et durabilité vont de pair. Les plages de Sentosa sont protégées par des mesures strictes de conservation, et l'accent est mis sur la préservation des écosystèmes marins.

Le Conseil de gestion de l'environnement de Sentosa supervise la régulation des flux touristiques, empêchant la surpopulation et garantissant un impact minimal sur les plages et la biodiversité marine.

Au Congo, les plages naturelles du Kouilou pourraient bénéficier d'une gestion similaire.

Un Conseil de la biodiversité côtière pourrait être créé, supervisant le développement touristique dans la région tout en assurant la protection des ressources maritimes. En partenariat avec Singapour, des projets de récupération et protection des zones côtières pourraient être lancés, et l'introduction de programmes éducatifs sur la biodiversité locale sensibiliserait les touristes et les communautés locales.

Exemple de la Serbie : L'Écotourisme autour du Parc de Tara et la Protection des Rivages

En Serbie, le Parc national de Tara, entouré de rivières et de montagnes, est devenu un centre d'écotourisme grâce aux politiques de conservation mises en place par le gouvernement serbe. Le Ministère serbe de l'Environnement a développé des infrastructures légères, comme des écolodges et des sentiers de randonnée, permettant aux touristes de découvrir la nature sans perturber les écosystèmes.

Le Congo pourrait adopter une approche similaire pour les chutes de Djeno et les plages du Kouilou. Des écolodges flottants, inspirés de ceux développés dans le parc Tara, pourraient être construits le long des rivières et des côtes, permettant aux visiteurs d'explorer les merveilles naturelles tout en minimisant leur impact écologique. Les infrastructures pourraient également être construites en matériaux durables, dans le cadre d'un projet de valorisation des ressources naturelles tout en favorisant l'emploi local.

Les Chutes de Sounda et l'Économie Touristique dans le Niari

Les chutes de Sounda, situées dans la région du Niari, possèdent un potentiel extraordinaire pour devenir un site de premier plan dans le domaine du tourisme d'aventure et de découverte. Cependant, le défi reste de préserver la beauté sauvage de ce site tout en attirant des visiteurs. La région pourrait tirer parti d’exemples internationaux de gestion durable des cascades et des parcs naturels pour structurer un modèle économique fondé sur la durabilité et la conservation.

Exemple de la Chine : Qingdao et la Gestion des Sites Naturels

Qingdao, une ville côtière célèbre en Chine, est un exemple de réussite en matière de tourisme naturel. Outre son développement industriel, la ville a su tirer profit de ses plages et de ses montagnes environnantes pour attirer les visiteurs. Des politiques de conservation des parcs naturels y ont été instaurées, permettant de concilier tourisme et protection de l’environnement. Le gouvernement chinois a institué des quotas pour limiter le nombre de visiteurs dans les parcs naturels de Qingdao, protégeant ainsi la flore et la faune locales tout en garantissant une expérience de qualité pour les touristes.

Le Congo pourrait s'inspirer de Qingdao en créant des réserves autour des chutes de Sounda, avec des quotas pour limiter l'impact humain. En développant des infrastructures comme des passerelles suspendues et des plateformes d’observation, les visiteurs pourraient profiter de la beauté des chutes tout en préservant les écosystèmes aquatiques et forestiers.

Exemple de Singapour : Le Programme de Préservation de Bukit Timah

Singapour a prouvé qu'il est possible d'intégrer la nature dans un cadre urbain tout en préservant les écosystèmes. Le Bukit Timah Nature Reserve, une forêt primaire au cœur de Singapour, est un exemple de préservation dans un contexte de développement urbain rapide. Singapour a investi dans des infrastructures durables pour permettre l'accès à cette forêt tout en limitant la dégradation du site.

Le Niari, avec ses forêts tropicales denses et ses cascades, pourrait adopter des pratiques similaires pour développer un écosystème touristique durable. Des centres d'éducation écologique pourraient être établis, où les touristes seraient sensibilisés à la biodiversité locale et aux efforts de conservation. Le gouvernement pourrait s'associer avec Singapour pour former des experts locaux à la gestion des parcs naturels et au développement du tourisme durable.

Exemple de la Serbie : L'Écotourisme à Zasavica et la Protection des Chutes

En Serbie, la réserve naturelle de Zasavica est un modèle de gestion durable où les visiteurs peuvent découvrir les écosystèmes aquatiques uniques tout en participant à des programmes de conservation. Des projets de reforestation et de protection des rivières sont en cours pour garantir que la biodiversité de la région soit protégée.

Le Congo pourrait appliquer ce modèle autour des chutes de Sounda, en mettant en place des programmes de reforestation pour restaurer les écosystèmes endommagés et en introduisant des activités touristiques à faible impact, comme le kayak et la randonnée en milieu naturel.

L'Océan Atlantique et les Immenses Forêts, Réservoirs de Biodiversité

Les vastes forêts côtières du Congo, bordant l'océan Atlantique, abritent une biodiversité exceptionnelle qui fait du pays l'un des derniers bastions de la conservation tropicale en Afrique. Ces écosystèmes, en plus d'être des réservoirs de biodiversité, jouent un rôle crucial dans la régulation du climat mondial. La protection et la valorisation de ces ressources naturelles à travers un tourisme durable représentent une opportunité unique pour la République du Congo.

Exemple de la Chine : Les Parcs Nationaux de Shanghai et la Protection des Forêts

La ville de Shanghai, malgré son développement industriel rapide, a créé des parcs nationaux urbains pour protéger les zones humides et les forêts entourant la métropole. Le parc forestier national de Dongping, par exemple, est devenu un centre de tourisme écologique où des activités éducatives sur la conservation sont organisées pour les visiteurs.

Le Congo pourrait développer des parcs nationaux côtiers, en partenariat avec la Chine, pour protéger ses forêts atlantiques. En créant des routes écotouristiques, le pays pourrait attirer les voyageurs tout en renforçant les efforts de conservation. Des programmes de plantation d'arbres et de reboisement pourraient également être mis en place, impliquant les communautés locales dans la préservation des forêts côtières.

Exemple de Singapour : MacRitchie Reservoir et l'Immersion Écologique

Singapour, bien qu'étant un petit pays, a réussi à protéger sa biodiversité en créant des réserves naturelles comme le réservoir de MacRitchie, où des sentiers de randonnée sont intégrés de manière harmonieuse dans la forêt tropicale.

Conclusion

Le développement du tourisme durable et de l'économie fluviale en République du Congo constitue une opportunité majeure pour un pays riche en biodiversité et en ressources naturelles. Grâce à ses paysages uniques, de ses chutes d'eau spectaculaires aux plages naturelles de la côte atlantique, le Congo peut se positionner comme une destination incontournable du tourisme écologique en Afrique. Toutefois, ce développement doit être conçu de manière réfléchie, en s'inspirant des modèles éprouvés à l'étranger tout en tenant compte des réalités locales.

Des pays comme la Chine, Singapour, et la Serbie ont montré la voie avec des réformes audacieuses et des politiques rigoureuses de protection environnementale, tout en favorisant la croissance économique par le tourisme durable. Les projets de conservation des forêts en Shanghai, les parcs naturels de Qingdao, les éco-cités comme Hainan Sanya, ou encore les réserves naturelles en Serbie et à MacRitchie Reservoir à Singapour, démontrent qu'il est possible d'allier tourisme, développement économique et protection de l'environnement.

En adoptant des politiques similaires, la République du Congo peut valoriser ses atouts naturels tout en préservant son riche patrimoine écologique pour les générations futures. L'investissement dans les infrastructures durables, la sensibilisation des populations locales, et le développement de partenariats internationaux permettront de créer un écosystème touristique respectueux de l'environnement et économiquement viable. À travers la mise en œuvre de ces initiatives, le Congo pourra non seulement stimuler son économie, mais aussi jouer un rôle de premier plan dans la protection de la biodiversité mondiale.

L'avenir du tourisme en République du Congo repose sur un engagement fort en faveur de la durabilité, un leadership éclairé et une collaboration internationale. En regardant vers l'avenir, le pays peut se positionner comme un exemple africain de développement équilibré, où l'homme et la nature coexistent en harmonie. Les chutes de Djeno, les chutes de Sounda, les plages du Kouilou, et les forêts côtières atlantiques peuvent devenir des symboles non seulement de la beauté naturelle du Congo, mais aussi de sa capacité à embrasser un avenir durable.

Loisirs, Culture et Traditions : Un Équilibre entre Préservation et Modernité

Introduction

Dans une nation en pleine mutation comme la République du Congo, la question de la préservation des traditions et du développement des loisirs locaux se pose avec acuité. La culture, les arts et les loisirs jouent un rôle central dans la structuration sociale, économique et politique d'un pays. Le Congo, riche d'une diversité culturelle exceptionnelle, doit s'inspirer de modèles internationaux pour trouver un équilibre entre la modernisation et la préservation de son patrimoine. En observant des pays comme la Chine, Singapour et la Serbie, il devient évident que l'évolution culturelle n'est pas incompatible avec le respect des traditions, bien au contraire. Ces nations montrent qu'une approche structurée et volontariste peut promouvoir à la fois un développement économique inclusif et une forte cohésion sociale.

Préservation des traditions et respect des dogmes culturels

La République du Congo et son patrimoine traditionnel Le Congo abrite une riche tapisserie de traditions culturelles, dont les racines plongent profondément dans les coutumes des groupes ethniques comme les Kongo, les Téké et les Mbochi. Les traditions orales, la danse, la musique et les rituels religieux sont essentiels à l'identité collective. Pourtant, dans un monde globalisé, les traditions risquent d'être érodées ou de perdre leur pertinence si elles ne sont pas soutenues par des politiques actives de préservation. Pour le Congo, il est crucial d'investir dans des institutions qui préservent et transmettent ces traditions.

La Chine : la préservation des coutumes à travers les réformes culturelles

En Chine, le gouvernement a joué un rôle clé dans la préservation des traditions tout en embrassant la modernité. Les réformes culturelles entreprises par le ministère de la Culture et du Tourisme ont permis de maintenir des pratiques ancestrales comme la médecine traditionnelle chinoise et l'art du thé, tout en intégrant ces aspects dans des politiques de développement touristique. Des sites comme le Palais d'Été à Pékin ou le Temple de Shaolin sont des exemples de lieux où les traditions sont non seulement préservées, mais aussi commercialisées à travers le tourisme culturel. Le gouvernement chinois a également encouragé la transmission des arts martiaux traditionnels, tels que le kung-fu et le taï-chi, dans le cadre d'initiatives éducatives et sportives.

Ces mesures montrent qu'avec un soutien institutionnel fort, il est possible de protéger et de promouvoir les traditions dans un contexte de modernisation. Le Congo pourrait ainsi s'inspirer des instituts culturels chinois pour créer des centres dédiés à la préservation de ses traditions locales, où les jeunes générations apprendraient les coutumes ancestrales tout en les adaptant aux nouvelles réalités.

Singapour : un modèle multiculturel de préservation des traditions Singapour, bien que très moderne, a su préserver les traditions de ses différentes communautés. En tant que nation multiculturelle, le pays célèbre de nombreuses fêtes religieuses et culturelles, comme le Nouvel An chinois, Deepavali et Hari Raya, tout en garantissant une cohabitation harmonieuse entre les différents groupes ethniques. Le gouvernement singapourien a également mis en place des politiques éducatives pour enseigner l'histoire et les traditions de chaque communauté dans les écoles. Le National Heritage Board de Singapour joue un rôle crucial en matière de préservation culturelle, en soutenant des projets comme la réhabilitation de Chinatown, de Little India, et du Kampong Glam, quartiers symboles des différentes communautés du pays.

Cette approche de Singapour pourrait être un modèle pour le Congo, où les divers groupes ethniques pourraient voir leurs pratiques traditionnelles protégées et mises en valeur à travers des initiatives gouvernementales et des programmes scolaires. La coexistence pacifique des traditions diverses et le respect mutuel renforceraient le tissu social, tout en permettant au pays de valoriser son patrimoine culturel.

Serbie : la sauvegarde des traditions rurales En Serbie, la Slava, une fête religieuse orthodoxe en l'honneur du saint patron des familles, est inscrite au patrimoine culturel immatériel de l'UNESCO. Ce rituel, tout comme de nombreuses autres traditions rurales, a survécu grâce à des réformes culturelles nationales et locales. Des initiatives comme les villages ethno-touristiques, où les visiteurs peuvent découvrir le mode de vie traditionnel serbe, sont soutenues par le gouvernement serbe, notamment à travers des fonds européens.

Pour le Congo, qui possède un patrimoine riche en rites traditionnels et en pratiques culturelles, l'adoption d'une politique de tourisme ethnique ou de festivals locaux pourrait permettre de valoriser les coutumes tout en générant des revenus pour les communautés rurales. Des institutions comme le Ministère de la Culture et des Arts pourraient créer des partenariats avec des organisations internationales pour soutenir la transmission intergénérationnelle des savoirs traditionnels.

Développement des loisirs locaux et promotion du patrimoine culturel

Les loisirs locaux, qu'ils soient traditionnels ou modernes, jouent un rôle clé dans l'épanouissement social et économique d'un pays. Le développement des loisirs, lorsqu'il est associé à la promotion du patrimoine culturel, peut également stimuler l'économie touristique et renforcer le sentiment d'appartenance nationale. Le Congo, riche de sa culture et de ses paysages, doit tirer parti de ces ressources pour promouvoir des loisirs locaux qui mettent en valeur son patrimoine unique.

Chine : des initiatives locales pour promouvoir le patrimoine En Chine, les loisirs locaux et la culture sont intimement liés. Des villes comme Qingdao, avec son festival annuel de la bière, ou Hangzhou, avec son Lac de l'Ouest, attirent des millions de touristes chaque année. Ces initiatives ne se limitent pas au tourisme international, mais visent également à promouvoir le tourisme intérieur, en encourageant les Chinois à redécouvrir leur propre patrimoine. Des réformes ont été introduites pour faciliter l'accès aux loisirs culturels, notamment par le biais de billetteries électroniques et de réseaux de transport public modernisés.

Le Congo pourrait s'inspirer de ces exemples en organisant des événements annuels qui célèbrent la culture et les loisirs locaux, tout en modernisant ses infrastructures touristiques. Par exemple, la Côte de Kouilou, avec ses plages pittoresques, pourrait devenir un centre touristique dynamique, attirant aussi bien les Congolais que les visiteurs internationaux.

Singapour : l'infrastructure culturelle et les loisirs Singapour a investi massivement dans l'infrastructure culturelle pour promouvoir des loisirs de haute qualité. Le Singapore Botanic Gardens, classé au patrimoine mondial de l'UNESCO, et le Esplanade – Theatres on the Bay, sont des exemples de lieux où culture et loisirs se rencontrent. Singapour a également adopté une politique d'accès facile aux loisirs grâce à des transports publics bien développés et une sécurité renforcée dans les zones touristiques.

Le Congo pourrait suivre cette voie en développant des parcs nationaux, des centres culturels et des événements artistiques, soutenus par des infrastructures modernes. Le

Niari, par exemple, avec ses chutes de Sounda, pourrait devenir un centre d'éco-tourisme et de loisirs en plein air.

Serbie : festivals et événements culturels pour revitaliser les loisirs La Serbie a revitalisé ses loisirs locaux en lançant des festivals comme le Guca Trumpet Festival, qui attire des visiteurs du monde entier. Ce festival met en avant la musique traditionnelle serbe tout en créant un cadre festif et moderne pour les jeunes générations. La Belgrade Beer Fest est un autre exemple où la tradition serbe de la bière est mise à l'honneur à travers un événement moderne. Le succès de ces festivals a un impact direct sur l'économie locale, créant des emplois saisonniers et des opportunités pour les petites entreprises.

Pour le Congo, la création de festivals culturels célébrant la musique, la danse ou les arts locaux pourrait attirer un large public et renforcer l'économie locale. La mise en valeur du patrimoine congolais à travers des événements de loisirs pourrait également renforcer l'identité nationale tout en favorisant le tourisme.

Exemples spécifiques pour le Congo :

Festival Mondial de la Sapologie : Un événement qui célèbre la mode unique des sapeurs, reflétant le style et la créativité congolaises. Ce festival pourrait devenir une attraction majeure, attirant des visiteurs internationaux tout en valorisant une forme d'expression culturelle spécifique au Congo.

Festival de la Musique Traditionnelle : En mettant en avant des genres musicaux comme le Koussoukou et le Rumba congolaise, ce festival pourrait devenir un point focal pour le tourisme culturel, tout en soutenant les musiciens locaux et en préservant les traditions musicales.

Fête de la Nature et de la Biodiversité : Un événement axé sur la conservation des paysages naturels et de la biodiversité unique du Congo, qui pourrait inclure des activités de sensibilisation et des excursions écologiques dans des zones comme le Parc National de la Nouabalé-Ndoki.

Impact des réformes et des initiatives sur les pays mentionnés

Les réformes et initiatives culturelles dans des pays comme la Chine, Singapour et la Serbie ont eu des impacts profonds sur le développement économique et social. En Chine, l'investissement dans les loisirs culturels et la préservation du patrimoine a contribué à l'essor d'un tourisme intérieur massif, générant des milliards de yuans et créant des millions d'emplois. Singapour, avec sa politique de ville intelligente, a su concilier modernité et tradition pour créer un environnement où les loisirs sont accessibles à tous et où le patrimoine est valorisé.

En Serbie, les initiatives locales comme les festivals ruraux et les centres culturels ont permis de revitaliser des régions économiquement marginalisées. Ces exemples montrent que la promotion des loisirs et du patrimoine culturel, lorsqu'elle est bien structurée, peut non seulement renforcer l'identité nationale, mais aussi créer des opportunités économiques durables.

Conclusion

Le développement des loisirs locaux et la préservation des traditions sont essentiels pour le Congo dans sa quête d’une modernisation inclusive et respectueuse de son identité culturelle. En s'inspirant des réformes et des politiques mises en œuvre par la Chine, Singapour et la Serbie, le Congo peut non seulement protéger ses traditions et ses patrimoines culturels, mais aussi dynamiser son secteur des loisirs.

La mise en place de festivals emblématiques, la promotion d’événements culturels et le soutien aux activités traditionnelles renforceront le tissu social, attireront les visiteurs et créeront des opportunités économiques. En équilibrant modernité et tradition, le Congo peut bâtir un avenir où sa richesse culturelle est célébrée et intégrée dans un développement durable et harmonieux.

Partie 4 : Infrastructures et Développement Durable

Transports Adaptés aux Nouvelles Technologies

Introduction

L'évolution des systèmes de transport est un pilier fondamental pour le développement économique et social d'un pays. Dans un monde en constante évolution technologique, l'intégration de solutions innovantes en matière de transport devient une nécessité pour répondre aux défis croissants de la mobilité urbaine et régionale. La modernisation des infrastructures routières, des transports publics et privés, ainsi que l'amélioration de l'interconnectivité régionale et internationale sont essentielles pour garantir une circulation fluide et efficace. En prenant exemple sur des pays comme la Chine, Singapour et la Serbie, la République du Congo peut développer un réseau de transport adapté aux nouvelles technologies, permettant d'améliorer la qualité de vie de ses citoyens et de stimuler son économie.

Réseau routier modernisé

Chine :

La Chine est un modèle en matière de modernisation des infrastructures routières, illustré par des projets d'envergure qui transforment le paysage du transport. Le réseau de routes express de la Chine, qui comprend plus de 150 000 kilomètres de routes à péage, est un exemple de cette transformation. Un projet emblématique est le Pont Sous-Marin de Huangdao, situé dans la province du Shandong.

Ce pont innovant relie la ville de Qingdao à l'île de Huangdao, facilitant les déplacements entre ces deux zones économiques clés. En réduisant considérablement le temps de trajet, ce pont contribue à l'efficacité du transport de marchandises et de passagers, stimulant ainsi le commerce régional et l'intégration économique.

Singapour :

À Singapour, la modernisation du réseau routier s'inscrit dans le cadre de la "Smart Nation" initiative. Le pays a mis en place des systèmes avancés de gestion du trafic, incluant des technologies de péage électronique comme le ERP (Electronic Road Pricing) pour réguler la circulation et réduire les embouteillages. Les capteurs de trafic et les caméras intelligentes déployés dans tout le pays permettent une surveillance en temps réel et une gestion dynamique du trafic. L'intégration de ces technologies assure une fluidité de circulation élevée et optimise les trajets pour les usagers.

Serbie :

En Serbie, la modernisation des infrastructures routières a pour but d'améliorer la connectivité régionale et l'efficacité des déplacements. Le projet d'extension de l'autoroute A1, qui relie Belgrade à Nis, illustre les efforts du pays pour améliorer les routes principales. Le déploiement de panneaux de signalisation intelligents et de systèmes de surveillance routière a permis d'optimiser la gestion du trafic et de renforcer la sécurité routière. Ces initiatives visent à moderniser les infrastructures existantes et à soutenir la croissance économique du pays.

Transports publics et privés : innovations technologiques

Chine :

La Chine est à la pointe de l'innovation dans le domaine des transports publics. Le système de trains à grande vitesse, tel que le CR400 Fuxing, est un exemple de cette avancée technologique. Ce train relie Beijing à Shanghai en seulement quatre heures, démontrant la capacité du pays à réduire considérablement les temps de trajet entre grandes villes. Les villes chinoises comme Guangzhou et Foshan ont également développé des systèmes de métro sophistiqués avec des trains automatisés et des plateformes intelligentes. Le métro de Guangzhou-Foshan est équipé de technologies avancées, comme des systèmes de gestion des flux de passagers et d'information en temps réel, pour améliorer l'expérience des utilisateurs et l'efficacité du réseau.

Singapour :

Singapour est reconnu pour son système de transport public intégré et technologiquement avancé. Le MRT (Mass Rapid Transit) est un exemple de réussite en matière de transport en commun, avec des trains entièrement automatisés sur certaines lignes. Les bus publics de Singapour sont équipés de systèmes de gestion des horaires en temps réel et utilisent des technologies de paiement sans contact pour faciliter les transactions.

Singapour teste également des taxis autonomes dans le cadre de projets pilotes, avec des plans pour étendre cette technologie dans le futur. L'efficacité et la fiabilité de ces systèmes permettent de répondre aux besoins de mobilité d'une population urbaine dense.

Serbie :

La Serbie met en œuvre des innovations dans ses transports publics et privés avec des initiatives de modernisation. Les tramways de Belgrade ont récemment été modernisés avec des technologies de suivi en temps réel, fournissant aux passagers des informations précises sur les horaires et les changements de service. Le pays explore également l'intégration de véhicules électriques dans ses réseaux de transport, avec des initiatives pour installer des bornes de recharge dans les principales villes. Ces efforts visent à améliorer la durabilité et l'efficacité des transports publics en Serbie.

Interconnectivité régionale et internationale

Chine :

La Chine a réalisé des avancées majeures en matière d'interconnectivité régionale et internationale grâce à des projets d'infrastructure ambitieux. Le Pont Guangdong-Hong Kong-Macao est l'un des plus longs ponts maritimes du monde, reliant la Chine continentale à Hong Kong et

Macao. Ce pont facilite le commerce et les déplacements dans la région du delta de la rivière des Perles, stimulant ainsi l'intégration économique et régionale. Le projet de trains à grande vitesse relie également des villes chinoises clés à des destinations internationales, comme la liaison ferroviaire entre Beijing et Moscou, renforçant les connexions entre la Chine et l'Europe.

Singapour :

Singapour utilise son statut de hub international pour promouvoir l'interconnectivité régionale et mondiale. Le Port de Singapour est l'un des plus grands et des plus efficaces au monde, facilitant les échanges commerciaux entre l'Asie et le reste du globe. L'aéroport Changi est un autre point névralgique du transport aérien international, avec des connexions vers toutes les grandes destinations mondiales. Les initiatives pour connecter les différentes parties de la ville grâce à des infrastructures de transport intégrées permettent à Singapour de maintenir son rôle central dans les réseaux de transport mondiaux.

Serbie :

La Serbie a renforcé son interconnectivité régionale grâce à des projets comme l'extension du réseau ferroviaire à grande vitesse qui relie Belgrade à Budapest. Cette ligne est cruciale pour le commerce et le transport entre les Balkans et l'Europe centrale. Les efforts pour moderniser les infrastructures routières et de transport en commun visent à améliorer les liens entre les principales villes serbes et leurs voisins. En facilitant les déplacements régionaux, la Serbie renforce son intégration économique et sa position stratégique dans les Balkans.

Conclusion

L'évolution des transports est essentielle pour soutenir le développement économique et améliorer la qualité de vie. Les exemples de la Chine, Singapour et de la Serbie offrent des modèles précieux pour la République du Congo. L'intégration de technologies avancées telles que les trains à grande vitesse, les métros automatisés, et les véhicules autonomes, ainsi que des systèmes de gestion intelligents et une interconnectivité régionale et internationale, est fondamentale pour moderniser le réseau de transport congolais.

En s'inspirant des meilleures pratiques internationales et en adaptant ces innovations à ses propres besoins, le Congo peut développer un réseau de transport moderne, durable et efficace, prêt à soutenir son développement économique et social tout en offrant des solutions de mobilité adaptées aux défis contemporains.

Infrastructures Numériques

Introduction

L'infrastructure numérique est un pilier essentiel du développement économique moderne, agissant comme un catalyseur pour l'innovation, l'inclusion sociale, et la croissance des entreprises. En République du Congo, la modernisation et l'extension des infrastructures numériques peuvent transformer l'économie, stimuler l'entrepreneuriat local, et améliorer la qualité de vie des citoyens, notamment en facilitant l'accès à l'information, aux services et aux opportunités économiques. Pour réaliser ce potentiel, il est crucial d'étudier les approches adoptées par des pays leaders en matière de technologie comme la Chine, Singapour, et la Serbie.

Leur expérience peut offrir des perspectives précieuses sur la manière dont le Congo peut développer ses propres infrastructures numériques et en maximiser les avantages.

Extension de l'accès à Internet dans les zones rurales

Chine :

La Chine a entrepris des efforts significatifs pour étendre l'accès à Internet dans ses zones rurales, un projet soutenu par des initiatives gouvernementales comme le Plan pour l'Internet rural, lancé en 2015. Le gouvernement chinois a investi massivement dans l'infrastructure de télécommunications, en mettant en place des réseaux de fibre optique qui relient les régions rurales aux grandes villes. Par exemple, le projet de couverture Internet en milieu rural a permis à des millions de personnes vivant dans des zones éloignées d'accéder à des services en ligne et à des ressources éducatives. La Chine a également déployé des initiatives telles que le programme "Internet Plus", qui combine Internet et technologies de l'information pour améliorer les services dans des secteurs variés, allant de l'éducation à la santé.

Singapour :

À Singapour, le gouvernement a mis en œuvre le plan "Digital Readiness" pour garantir que tous les citoyens, y compris ceux vivant dans des régions moins développées, aient accès à Internet. Singapour a installé des points d'accès Wi-Fi gratuits dans des lieux publics et des quartiers résidentiels pour permettre aux habitants d'accéder à des services numériques. L'initiative "Smart Nation" vise également à améliorer l'accès à Internet en mettant en place une infrastructure de haute qualité à travers toute la ville. Les investissements dans le réseau 5G visent à offrir une connectivité rapide et fiable, même dans les zones périphériques, favorisant ainsi l'inclusion numérique.

Serbie :

La Serbie a lancé plusieurs programmes pour étendre l'accès à Internet dans ses zones rurales. Le gouvernement serbe, en collaboration avec des entreprises privées, a investi dans le déploiement de la fibre optique et des réseaux 4G dans les régions moins urbanisées. L'initiative

"Serbia Connects" vise à réduire la fracture numérique en modernisant les infrastructures de télécommunications et en facilitant l'accès à Internet à haut débit dans les villages et les petites villes. De plus, la Serbie a mis en place des centres communautaires numériques pour fournir une formation en informatique et des accès gratuits à Internet, soutenant ainsi l'inclusion numérique.

Utilisation des technologies pour stimuler l'entrepreneuriat local

Chine :

En Chine, le gouvernement et le secteur privé ont mis en place divers programmes pour encourager l'entrepreneuriat local grâce à la technologie. Des initiatives comme "Made in China 2025" et des incubateurs de startups dans des villes comme Shenzhen ont transformé le pays en un hub mondial pour les nouvelles entreprises technologiques.

Le soutien gouvernemental à l'innovation, combiné à des investissements dans les infrastructures numériques, a permis à des startups locales d'exploiter des plateformes comme Alibaba et Tencent pour développer leurs activités. Les centres de technologie et d'innovation tels que le parc technologique Zhongguancun à Beijing offrent aux jeunes entreprises un accès à des ressources, du mentorat, et des financements pour stimuler leur croissance.

Singapour :

Singapour, avec son initiative "Smart Nation", encourage les startups locales en leur fournissant des ressources numériques avancées et des opportunités de financement. Le gouvernement a établi des centres de recherche et développement, comme le "Singapore Innovation Centre", pour aider les entrepreneurs à développer des solutions technologiques innovantes. Le pays propose également des programmes de soutien tels que le "Startup SG", qui offre des subventions et des services de mentorat pour aider les entreprises émergentes à se lancer et à se développer. L'infrastructure numérique robuste de Singapour facilite l'accès aux marchés mondiaux, permettant aux startups locales de se connecter avec des clients internationaux.

Serbie :

La Serbie a également pris des mesures significatives pour encourager l'entrepreneuriat numérique. Le gouvernement serbe a mis en place des politiques favorables aux startups, comme des incitations fiscales et des subventions pour les jeunes entreprises technologiques. Des initiatives telles que le "Serbian Startup Hub" offrent des espaces de coworking, des ressources de formation, et des opportunités de réseautage pour les entrepreneurs locaux. De plus, des entreprises comme "Nordeus" et "Seven Bridges" illustrent le succès des startups serbes qui utilisent les technologies numériques pour se développer à l'international. Le soutien à l'innovation et à la technologie stimule la croissance des entreprises locales, créant ainsi un écosystème dynamique pour les nouvelles entreprises.

Conclusion

L'infrastructure numérique joue un rôle crucial dans la transformation économique et sociale des nations. Les exemples de la Chine, Singapour, et de la Serbie montrent comment une planification stratégique et des investissements ciblés peuvent étendre l'accès à Internet et stimuler l'entrepreneuriat local. En adaptant ces leçons au contexte congolais, la République du Congo peut développer des infrastructures numériques robustes qui favorisent l'inclusion, soutiennent les entreprises locales, et stimulent l'innovation.

En investissant dans des technologies avancées et en mettant en place des programmes de soutien efficaces, le Congo peut créer un environnement propice à la croissance économique durable et à l'amélioration de la qualité de vie de ses citoyens.

Conclusion: Un Congo Prospère pour Demain

Résumé et Vision pour l'Avenir

Synthèse des recommandations

Pour répondre aux défis du développement durable et à la transformation économique en République du Congo, plusieurs domaines clés doivent être abordés avec des approches stratégiques inspirées par les expériences de la Chine, Singapour, et la Serbie. Voici une synthèse des recommandations principales :

Infrastructures de Transport Modernisées :

Réseau Routier : Inspiré par les projets chinois tels que le Pont Sous-Marin de Huangdao et le réseau de routes express, il est essentiel de moderniser le réseau routier congolais en intégrant des infrastructures avancées qui favorisent l'efficacité du transport et la connectivité régionale.

Transports Publics : Le développement de systèmes de transport en commun innovants, comme les métros automatisés de Guangzhou-Foshan ou le MRT de Singapour, et l'intégration de véhicules autonomes, peuvent transformer la mobilité urbaine au Congo.

Interconnectivité Régionale : En suivant l'exemple des projets internationaux de la Chine, comme le Pont Guangdong-Hong Kong-Macao, le Congo doit renforcer ses liaisons régionales et internationales pour stimuler le commerce et les échanges.

Gestion des Ressources Naturelles et Développement Touristique :

Valorisation des Ressources Fluviales : En prenant exemple sur la Chine avec ses projets de gestion de l'eau, le Congo pourrait développer des infrastructures fluviales pour le transport et le commerce, tout en préservant les écosystèmes locaux.

Tourisme Durable : L'implémentation de stratégies de tourisme durable inspirées par des destinations comme Hainan et Qingdao en Chine peut aider le Congo à valoriser ses richesses naturelles, telles que les chutes de Djeno et les plages du Kouilou, tout en préservant l'environnement et les cultures locales.

Infrastructures Numériques :

Extension de l'accès à Internet : La création de réseaux de télécommunications ruraux et l'amélioration de l'accès à Internet dans les zones éloignées, à l'image des initiatives de Singapour et de la Serbie, sont essentielles pour réduire la fracture numérique et promouvoir l'inclusion.

Stimulation de l'Entrepreneuriat Local : En tirant parti des succès de la Chine avec ses hubs technologiques et de l'expérience de Singapour en matière de soutien aux startups, le Congo doit favoriser l'innovation et l'entrepreneuriat local par des programmes de soutien et des infrastructures numériques adaptées.

Loisirs, Culture, et Traditions :

Préservation des Traditions : Le Congo devrait s'inspirer des approches de la Serbie en matière de préservation du patrimoine culturel, en intégrant des festivals locaux comme la Sapologie dans une stratégie de développement culturel qui renforce l'identité nationale.

Développement des Loisirs : Le soutien à
la culture et aux loisirs locaux, en prenant exemple sur les initiatives culturelles en Chine et à Singapour, peut offrir des opportunités de croissance économique et de renforcement des liens communautaires.

Feuille de route pour un développement durable et inclusive

Planification et Investissements :

Établir des partenariats stratégiques avec des entreprises et des gouvernements étrangers pour obtenir des financements et des expertises dans les domaines des infrastructures de transport, des technologies numériques et du développement durable.

Investir dans des projets d'infrastructure tels que les routes modernes, les réseaux de transport public, et les installations de gestion de l'eau en s'appuyant sur les meilleures pratiques internationales et les technologies de pointe.

Développement des Capacités Locales :

Former des talents locaux dans les domaines de la technologie, de la gestion de projet, et du développement durable pour assurer la pérennité des projets et favoriser l'émergence d'une main-d'œuvre qualifiée.

Encourager l'entrepreneuriat et l'innovation en mettant en place des incubateurs d'entreprises, des programmes de financement pour les startups, et des initiatives pour soutenir les jeunes entreprises locales.

Renforcement des Politiques et Régulations :

Mettre en place des régulations efficaces pour assurer une gestion durable des ressources naturelles, la protection de l'environnement, et l'inclusion numérique.

Adopter des politiques publiques qui soutiennent l'intégration des nouvelles technologies et l'amélioration des infrastructures, tout en garantissant la participation des communautés locales dans la planification et l'exécution des projets.

Promotion de la Culture et du Tourisme :

Développer des stratégies de tourisme durable qui mettent en valeur les atouts naturels et culturels du Congo, tout en minimisant l'impact environnemental et en soutenant les communautés locales.

Organiser et promouvoir des festivals culturels comme le Festival Mondial de la Sapologie pour attirer le tourisme culturel et renforcer la visibilité internationale du Congo.

Conclusion

La transformation du Congo en une nation moderne, durable et prospère nécessite une vision intégrée qui combine des investissements dans les infrastructures physiques et numériques, le soutien à l'entrepreneuriat local, et la valorisation de ses ressources culturelles et naturelles. En tirant parti des expériences des leaders internationaux comme la Chine, Singapour, et la Serbie, le Congo peut tracer une voie vers un avenir où la modernisation technologique, l'inclusion sociale, et le développement économique vont de pair, créant ainsi un environnement propice à la croissance et au bien-être pour tous ses citoyens.

Note à nos lecteurs :

La première édition de ce livre a présenté une analyse des défis actuels de la République du Congo dans divers secteurs clés, sans énumérer de solutions concrètes. Celles-ci seront développées dans la 2e édition, qui sera publiée prochainement. Cette deuxième partie proposera des stratégies et des recommandations pratiques pour surmonter ces défis et accompagner le Congo dans son développement vers un avenir prospère. Merci pour votre patience et votre intérêt continu.

Bibliographie

Sources Académiques et Professionnelles

China's Economic Transformation: The Rise of the Chinese Economy in the Global Context
Author: Barry Naughton
Publisher: Cambridge University Press
Year: 2022
Description: Provides an in-depth analysis of China's economic policies and transformations over recent decades.

The Singapore Economy: An International Perspective
Author: Linda Lim
Publisher: Routledge
Year: 2021
Description: Offers insights into Singapore's economic strategies and its role in the global economy.

Serbia: Economic Development and Reform
Author: Ljubica Djordjevic
Publisher: Palgrave Macmillan
Year: 2020
Description: Discusses Serbia's economic policies, development strategies, and reform processes.

Sustainable Development and Local Governance — in Sub-Saharan Africa
Author: Samuel Ojo Oloruntoba
Publisher: Routledge
Year: 2022

Description: Examines sustainable development practices and governance in Africa with a focus on local contexts.

The Congo Basin: A Review of Environmental and Development Challenges
Author: Jean-Pierre Moulis
Publisher: Springer
Year: 2021
Description: Reviews the environmental and development challenges facing the Congo Basin region.

Contributions Personnelles et Professionnelles

Observations sur le Développement en Chine
Description: Notes et observations personnelles issues de 10 ans d'expérience en Chine, parcourant le pays du nord au sud. Ces observations ont inspiré des idées pour le développement durable et les innovations technologiques.

Briefings de Singapour par Amy
Description: Echanges WhatsApp avec Amy, une amie qui a immigré à Singapour depuis plus de 15 ans. Ces échanges ont fourni des perspectives sur les politiques de développement de Singapour.

Politique de Développement de la Serbie
Description: Expériences personnelles en tant qu'ingénieur après-vente, suivant les politiques de développement de la Serbie. Ces expériences ont influencé l'analyse des réformes économiques.

Liens et Ressources en Ligne

China's Economic Transformation - Cambridge University Press
(Accès à des études et publications sur les transformations économiques en Chine.

Singapore Economy - Routledge
(Ressources sur l'économie de Singapour et ses perspectives internationales.

Serbia Economic Development - Palgrave Macmillan
(Informations sur les politiques de développement et les réformes en Serbie.

Sustainable Development in Africa - Routledge
(Études sur le développement durable et la gouvernance locale en Afrique.

The Congo Basin - Springer
(Analyse des défis environnementaux et de développement dans le Bassin du Congo.

Annexe : détails et illustrations des recommandations et de la feuille de route

Infrastructures de Transport Modernisées

Réseau Routier :

Exemple de Projet : Pont Sous-Marin de Huangdao

Le Pont Sous-Marin de Huangdao, en Chine, illustre la sophistication des infrastructures de transport modernes. Ce projet a permis de relier la ville de Qingdao à l'île de Huangdao en utilisant des technologies avancées pour la construction sous-marine. Le Congo pourrait s'inspirer de ce modèle pour développer ses propres infrastructures routières, en mettant l'accent sur l'innovation et l'intégration de technologies adaptées aux conditions locales.

Transports Publics :

Exemple de Système de Métro : Guangzhou-Foshan
Le réseau de métro Guangzhou-Foshan en Chine est un modèle d'efficacité pour les transports en commun urbains. Ce système utilise des technologies avancées pour assurer une haute fréquence et une gestion efficace des flux de passagers. Le Congo pourrait adapter ces technologies pour ses propres besoins urbains, en intégrant également des véhicules autonomes pour améliorer la mobilité dans les grandes villes.

Exemple de Transport en Commun : MRT de Singapour
Le Mass Rapid Transit (MRT) de Singapour est un exemple de succès en matière de transport public. Avec des stations modernes et un réseau étendu, il assure une connectivité

efficace. L'intégration de systèmes similaires au Congo pourrait transformer les déplacements urbains et améliorer la qualité de vie des citoyens.

Interconnectivité Régionale :

Exemple de Pont : Guangdong-Hong Kong-Macao
Le Pont Guangdong-Hong Kong-Macao est un projet d'envergure qui connecte trois grandes villes de la Chine et de Hong Kong, facilitant le commerce et les échanges. Le Congo pourrait envisager des projets similaires pour améliorer ses liaisons régionales et internationales, stimulant ainsi l'économie locale et les échanges commerciaux.

Gestion des Ressources Naturelles et Développement Touristique

Valorisation des Ressources Fluviales :

Exemple de Gestion de l'Eau : Projet des Trois Gorges en Chine
Le projet des Trois Gorges en Chine est un exemple de gestion des ressources fluviales à grande échelle. Il a permis de réguler les crues, produire de l'énergie et améliorer le transport fluvial. Le Congo pourrait adopter des approches similaires pour développer ses infrastructures fluviales tout en préservant les écosystèmes.

Tourisme Durable :

Exemple de Destination Touristique : Hainan
Hainan, en Chine, a développé des stratégies de tourisme durable en mettant en avant ses ressources naturelles tout en minimisant l'impact environnemental. Le Congo pourrait s'inspirer de ces stratégies pour développer un tourisme durable autour de ses attractions naturelles et culturelles, comme les chutes de Djeno et les plages du Kouilou.

Infrastructures Numériques

Extension de l'Accès à Internet :

Exemple d'Initiative : Singtel de Singapour
Singtel, l'un des principaux fournisseurs de services de télécommunications à Singapour, a joué un rôle clé dans l'extension de l'accès à Internet à travers le pays. Le Congo pourrait développer des réseaux de télécommunications ruraux inspirés par cette initiative pour améliorer l'accès à Internet dans les zones éloignées.

Exemple d'Initiative : Programme « Digitalna Srbija » en Serbie
Le programme « Digitalna Srbija » vise à promouvoir l'inclusion numérique et à développer les infrastructures technologiques. Le Congo pourrait mettre en œuvre des initiatives similaires pour stimuler l'innovation locale et réduire la fracture numérique.

Stimulation de l'Entrepreneuriat Local :

Exemple de Hub Technologique : Zhongguancun en Chine
Zhongguancun, souvent appelé la Silicon Valley de la Chine, est un centre névralgique pour l'innovation et les startups. Le Congo pourrait développer des hubs technologiques inspirés de ce modèle pour soutenir les entrepreneurs locaux et encourager l'innovation.

Loisirs, Culture, et Traditions

Préservation des Traditions :

Exemple de Préservation Culturelle : Guca Trumpet Festival en Serbie
Le Festival de Guca Trumpet en Serbie est un exemple de célébration de la culture et des traditions locales. Le Congo pourrait organiser des festivals similaires pour promouvoir et préserver son patrimoine culturel tout en attirant les visiteurs internationaux.

Développement des Loisirs :

Exemple de Développement Culturel : Initiatives Culturelles en Chine
La Chine a développé des initiatives culturelles pour promouvoir l'art et la culture locales, comme les festivals et les événements artistiques. Le Congo pourrait suivre cet exemple pour renforcer sa scène culturelle locale et créer

des opportunités économiques par le biais du tourisme culturel.

Conclusion

En tirant parti des expériences des leaders internationaux comme la Chine, Singapour, et la Serbie, le Congo a l'opportunité de bâtir un avenir prospère et durable. Les recommandations et la feuille de route proposées visent à intégrer des approches éprouvées et des technologies avancées pour moderniser le pays, tout en préservant ses ressources naturelles et culturelles.

Index

Structures éditoriales du groupe L'Harmattan

L'Harmattan Italie
Via degli Artisti, 15
10124 Torino
harmattan.italia@gmail.com

L'Harmattan Hongrie
Kossuth l. u. 14-16.
1053 Budapest
harmattan@harmattan.hu

L'Harmattan Sénégal
10 VDN SICAP AMITIE 3
BP 45034 Dakar-Fann
direction@senharmattan.com

L'Harmattan Cameroun
Tsinga/Derrière polyclinique FECAFOOT
BP 11486 Yaoundé
Jacques.koukam@harmattan.fr

L'Harmattan Burkina Faso
Villa 281, secteur 23 623, rue 14.32
Ouagadougou
zagbie@outlook.fr

L'Harmattan Guinée
Almamya, rue KA 028 OKB Agency
BP 3470 Conakry
harmattanguinee@yahoo.fr

L'Harmattan RDC
185, avenue Nyangwe
Commune de Lingwala – Kinshasa
matangilamusadila@yahoo.fr

L'Harmattan Congo
219, avenue Nelson Mandela
BP 2874 Brazzaville
deunovmikhael@gmail.com

L'Harmattan Mali
Immeuble Mgr Jean Marie Cissé
Aci Hamadallaye
BP 145 Bamako
syllaka@yahoo.fr

L'Harmattan Togo
Djidjole – Maison Amela
face EPP BATOME
02 BP 20680 Lomé
didieramela11@gmail.com

L'Harmattan Côte d'Ivoire
Résidence Karl – Cité des Arts
Abidjan-Cocody
03 BP 1588 Abidjan
harmattan.ivoire@gmail.com

L'Harmattan Bénin
Rue 604, (Immeuble à l'entrée
de la rue UCAO- Cite de Saint-Jean)
Cotonou
stepcorpus@gmail.com

Nos librairies en France

Librairie internationale
16, rue des Écoles
75005 Paris
librairie.internationale@harmattan.fr
01 40 46 79 11
www.librairieharmattan.com

Librairie des savoirs
21, rue des Écoles
75005 Paris
librairie.sh@harmattan.fr
01 46 34 13 71
www.librairieharmattansh.com

www.ingramcontent.com/pod-product-compliance
Lightning Source LLC
LaVergne TN
LVHW021230061026
849535LV00008B/3004